Il Risarcimento nel Processo Civile *-errori da evitare, e rimedi esperibili-*.

Titolo dell'opera: 'IL RISARCIMENTO NEL PROCESSO CIVILE *-errori da evitare, e rimedi esperibili-* (Guida Pratica alla luce del Codice Civile, del Codice di Procedura Civile, e della Giurisprudenza in materia)'.

Autore: Stefano Ligorio.

Pubblicato nel mese di ottobre 2020.

Prima edizione.

*

Il Risarcimento nel Processo Civile -*errori da evitare, e rimedi esperibili*-.

IL RISARCIMENTO

NEL PROCESSO CIVILE

-errori da evitare, e rimedi esperibili-

(Guida Pratica alla luce del Codice Civile, del Codice di Procedura Civile, e della Giurisprudenza in materia).

Prefazione

Lo scopo della presente opera è quello di 'istruire' il lettore, non competente in materia legale, su come dovrebbe essere iniziato e perseguito un processo civile per una richiesta risarcitoria.

Chi scrive, tenendo conto che, in generale, il lettore comune non ha dimestichezza con i termini e le questioni in materia legale, ha, dunque, ivi ritenuto di semplificare al meglio l'esposizione e l'argomentazione, avendo cercato, altresì, per non tediare troppo chi deve leggere, di essere sintetico e conciso.

Questo libro si ritiene possa essere alla portata di molti, e oltre che, ovviamente, dei professionisti della materia legale, anche di coloro, i quali, pur non essendo competenti, abbiano almeno una passione per quel che qui concerne.

*

Introduzione

In questo libro si è voluto, in premessa, fare un'ampia e generale disamina su ciò che l'individuo, il quale abbia subito un danno, debba operare, con attenzione e precisione, nella circostanza in cui voglia iniziare un processo civile, e su ciò che, conseguentemente, il proprio avvocato dovrebbe, diligentemente, operare nell'instaurarlo e nel perseguirlo.

In tal senso, ci si è soffermati su alcune circostanze relative, ovvero sul momento della redazione dell'atto di citazione, e sulla modificabilità del '*petitum'* (ovvero la somma richiesta a titolo di risarcimento) e della '*causa petendi'* (ovvero le ragioni in fatto e in diritto dell'azione proposta), in seno alla prima udienza di comparizione e trattazione ex art. 183 co. 5, c.p.c., e/o in seno al successivo deposito della Memoria ex art. 183 co. 6, n. 1, c.p.c.

Oltre a ciò, si è voluto anche argomentare sulla circostanza in cui, per svariate e possibili motivazioni, si fosse costretti ad iniziare un nuovo processo civile, dopo averne già esperito uno passato in giudicato (ovvero conclusosi con sentenza definitiva), con la stessa parte avversa, ma con un *petitum* e una *causa petendi* diversi, anche solo in parte.

*

IL RISARCIMENTO

NEL PROCESSO CIVILE

-errori da evitare, e rimedi esperibili-

(Guida Pratica alla luce del Codice Civile, del Codice di Procedura Civile, e della Giurisprudenza in materia).

Capitolo 1

Premessa

Il soggetto, il quale abbia subito un danno e che, per questo motivo, ritiene di dover iniziare un giudizio civile (nel linguaggio giuridico chi cita si definisce 'attore'), per far valere le proprie ragioni e richieste risarcitorie, dovrebbe, innanzitutto, preparare una attenta e precisa relazione dei fatti (per i quali vuole contendere con l'altra parte) allegandovi ogni documento ad esso correlato e utile, lasciando all'attenta valutazione dell'avvocato diligente cosa dovrà essere dedotto e prodotto nell'eventuale atto di citazione.

Questo è il primo passo da svolgere con assoluta attenzione e precisione.

Il ruolo del cliente -attore-, in un processo civile, è, sostanzialmente, **quello di mettere perfettamente in**

grado, con onestà, verità, attenzione, puntualità, e precisione, **il proprio avvocato del quanto in essere.**

Mentre **il ruolo dell'avvocato sarà**, sostanzialmente, **quello di far emergere e provare**, davanti all'organo giudicante, e **nel modo più onesto, veritiero, preciso, competente e diligente possibile, la fondatezza della domanda risarcitoria del proprio cliente.**

A fronte del fatto che non di rado vi sono giudici incompetenti, negligenti e superficiali, e che, alcune volte, non leggono e non studiano, con la dovuta diligenza e attenzione, i documenti di causa, **il ruolo dell'avvocato diventa doppiamente fondamentale**, ma anche, **e** per ovvi motivi, **doppiamente cruciale.**

Difatti se vi sono alcuni giudici che non operano, il proprio lavoro, con competenza e diligenza, vi sono, in circolazione, molti più avvocati che operano con incompetenza, negligenza, imprudenza, imperizia, finanche con disonestà.

Per cui dopo aver realizzato di voler contendere, per un danno subito, in sede civile (si prende, ovviamente, in esame la circostanza che tale fatto sia realmente fondato), **bisognerà trovare un avvocato che sia degno della**

propria fiducia, ma che sia **anche capace di fare il suo lavoro al meglio**.

A parte la responsabilità deontologica che potrebbe talune volte riscontrarsi in alcuni comportamenti e/o omissioni di un avvocato (anche nei confronti di quello della parte avversa), in quest'opera si è voluto dare risalto, unicamente, a quei comportamenti di 'controllo' che il cliente stesso dovrebbe mettere in atto nei confronti del proprio legale, proprio per prevenire le circostanze spiacevoli nella presente narrate, argomentate e dedotte (e che rappresentano solo alcune delle possibili circostanze).

E' bene, infatti (e questo dovrebbe essere la prassi, ma non lo è minimamente), farsi rilasciare, di volta in volta, i documenti (sia di parte, sia di parte avversa) e i verbali di causa, come predetto, a mero titolo di 'controllo' del suo operato.

Un avvocato che sa di dover 'rendere conto,' di volta in volta, al proprio cliente, tendenzialmente, sarà più diligente nel suo operare.

E' bene, quando possibile, e per gli stessi predetti motivi, assistere alle udienze, insomma, è sempre utile seguire, passo dopo passo, il percorso processuale, tanto più se riguarda una richiesta risarcitoria per un grave danno subito e che, dunque, sia pure di rilievo.

Chi scrive crede che nel sistema giustizia italiano, in cui la tempistica per arrivare a una decisione in un processo civile a volte è 'infinita', si dovrebbe assolutamente dare, e a dire il vero è già previsto (ma nel nostro Paese si sa...!!!), una sorta di priorità (come è anche precisamente previsto per altre circostanze nel penale) verso quei procedimenti il cui oggetto è un grave danno subito alla salute di un individuo, il quale, ovviamente, ha tutta una serie di ripercussioni, sia fisiche sia psichiche, e che proprio per via di ciò, subisce, nel caso di lungaggine del processo, un ulteriore ed estenuante dolore e sofferenza, diversamente evitabili, del tutto, o quasi del tutto.

Per cui alcun giudice dovrebbe mai osare, e per alcun motivo, porre in essere rinvii d'udienza lunghi (in alcuni casi si assiste a rinvii oltre l'anno) quando ad essere oggetto del contendere sia un grave danno alla salute.

Nessun uomo, in siffatte circostanze, dovrebbe subire e sopportare anche ciò, in quanto lo Stato dev'essere ed è 'il padre' del cittadino, e nessun genitore assennato rifiuta il sostentamento ai propri figli facendoli dunque 'morire'.

Un cittadino che aspetta di avere di diritto il suo risarcimento nel più breve tempo possibile, avendo subito un grave danno alla propria salute, vive ormai anche e soprattutto in funzione di quello, perché 'altro ormai non gli rimane', e trovandosi di fronte ad un rinvio di udienza di molti mesi 'patisce' ancor più, e questo non è assolutamente giusto, infatti è come infierire, anche solo incolpevolmente, su chi è già 'agonizzante'.

E' come fare una prolungata 'omissione di soccorso' e lasciare 'il ferito per strada', finché, a forza di cotanta negligenza, non sia lui stesso ad 'alzarsi e ad auto-soccorrersi'.

Ciò vuol dire costringere la 'vittima gravemente ferita' a trovare anche la smisurata forza per 'alzarsi da solo agonizzante' e ad 'auto-aiutarsi' nel suo già dramma.

Non può avere, a fronte di ciò, alcun valore reale la giustificazione di taluni funzionari della giustizia che adducono come causa il troppo carico di lavoro assegnatoli; non può essere e non dev'essere così, in quanto un buon giudice dovrebbe, innanzitutto, essere un buon organizzatore di se stesso e del proprio lavoro, e avere la diligenza tutta nell'ottemperare l'amministrazione della giustizia anche secondo l'urgenza del caso.

No! alla frequente fallace burocrazia in ciò che è *'pensiero, coscienza, dolore e vita'*; no all'ingiustizia in nome della giustizia; si attui, dunque, la precedenza ai procedimenti dov'è in gioco il valore 'uomo e vita'; si lasci pure la lungaggine ai procedimenti in cui l'oggetto del contendere non è il valore 'uomo e vita'; l'eventuale lungaggine sarà, comunque, certamente, ingiusta, ma almeno non si saranno calpestati diritti ancor più inviolabili a fondamento di ogni vera e buona società umana.

Quest'opera non vuol rappresentare un'espressa critica ad alcuno, ma vuole, semplicemente, essere uno spunto di riflessione e, altrettanto, non vuole, minimamente, essere un incentivo a voler contendere in un giudizio.

Il mondo può essere cambiato, difatti esso è sempre in continua evoluzione culturale e morale, ma le persone, individualmente, difficilmente possono o sono in grado di poterlo fare, per cui, per operare il cambiamento profondo e vasto, vi è la necessità non di cambiare taluno o taluni, ma di intervenire sulle fondamenta della società, con leggi opportune (e che siano compiutamente applicate da chi di dovere), e con una precisa promozione, su larga scala, di tipo culturale/morale che infonda visioni e ideali più valorizzatori di ciò che è dignitoso, decoroso, giusto, buono e vero e che, al contempo, siano più negativi verso ciò che è indegno, indecoroso, ingiusto, iniquo e menzognero.

Nell'infinito sistema giustizia -italiano- vi sono, certamente, e continuano ad esserci, 'serenamente', taluni avvocati, giudici, CTU (ovvero consulenti tecnici di ufficio in ambito civile) e periti (consulenti del giudice in ambito penale) che sono corrotti e/o corruttibili; ancor più ve ne sono di -genericamente- incompetenti, negligenti, disonesti e scansafatiche cronici.

Eppure vi sono le leggi in materia, le quali, ad esempio, in tema di corruzione (specie se in atti giudiziari) sono abbastanza pesanti e, negli ultimi anni, sono diventate anche più aspre.

Anche in ambito della deontologia forense sono previste, a seguito della commissione di specifici illeciti, diverse sanzioni anch'esse sufficientemente punitive in tal ambito.

Com'è, dunque, che tutto ciò non funziona come un buon deterrente?

13

Perché, in generale, ciò che fa più paura all'uomo non è la punizione in sé, ma il giudizio morale, il quale, purtroppo, nell'epoca moderna, e per svariati motivi, è venuto meno su molti fronti.

Nelle sfere morali dell'odierna società è insito che solo alcuni comportamenti, azioni e/o reati siano profondamente aberranti, per cui solo chi adempie questi assume la forma di chi è esso stesso aberrante.

Ecco il punto cruciale del quanto.

Se si riuscisse a infondere, profondamente, nella società tutta, che anche altri comportamenti, azioni e/o reati (come la corruzione, ad esempio), sono altrettanto aberranti (specie se adempiuti da chi rappresenta la legge), allora si innescherebbe, in tal senso, una profonda forza morale deterrente.

L'uomo, in generale, non cambierebbe, per l'appunto (perché esso non cambia che difficilmente), ma cambierebbe la visione morale della società, il cui pesante giudizio negativo -tendenzialmente- 'bloccherebbe', e più del timore della pena sanzionatoria e/o detentiva (che, tra l'altro, quasi mai viene operata nel proprio valore medio-alto), il 'vizio aberrante' nell'uomo aberrante per sua natura.

14

A tal fine bisognerebbe anche che i giudici penali, nell'emettere determinate sentenze per taluni reati, fossero meno tenui e più rigidamente, ma sapientemente, attaccati alla lettera delle pene previste dai vari articoli del codice penale.

Anche i giudici civili, del resto, dovrebbero 'imparare' ad applicare con maggiore precisione e rilevanza le diverse sanzioni previste nel processo civile (fra tutti l'art. 96 c.p.c.) verso la parte che ha agito con evidente 'malafede', o nei confronti del CTU che ha agito in palese grave negligenza (art. 64 c.p.c.), così come dovrebbero 'imparare' a segnalare, con maggiore diligenza e puntualità, alla Procura di competenza, ogni, eventuale, notizia di reato prodottasi durante il processo.

Nondimeno giudici penali e civili dovrebbero anche 'imparare' a svolgere, ove sia il caso, più puntuali e precise segnalazioni dirette all'organo professionale di competenza nei confronti di avvocati, CTU e periti che si siano dimostrati, nei loro atti e documenti di causa, negligenti, in 'malafede' e/o perfino disonesti.

Difatti ad ognuno il proprio compito; ad ognuno il dovere di promuovere, istituzionalmente, la propria 'cultura' e, dunque, **ai giudici, sia civili sia penali, il nobile adempimento** -lo si spera per un futuro prossimo- **di promuovere efficacemente e puntualmente la cultura legale con i mezzi che gli sono propri.**

Si ritiene, a conclusione di questa premessa, che il giudice civile abbia e debba avere (e così è) il solo compito di valutare, con grande attenzione e diligenza, la documentazione e le deduzioni difensive prodotti dalle parti in causa, e che di conseguenza, per l'appunto, **un avvocato negligente e/o disonesto possa fare molto danno nei confronti dell'amministrazione della giustizia, oltre che,** ovviamente, **nei riguardi delle parti processuali.**

Per doverosa precisazione non si può non dichiarare che sono molti i giudici, gli avvocati, CTU e periti, i quali sono competenti, diligenti, dignitosi e onesti, nel proprio lavoro, tuttavia, generalmente, in un processo 'si possono affacciare' così tante 'figure' che molto spesso, sfortuna vuole, che incompetenza, negligenza, indegnità e disonestà facciano la loro 'fastidiosa' ed inaccettabile comparsa nella figura di taluno o taluni.

"In ogni tempo, in ogni arte e scienza, comparvero

originali eroi, i quali seppero donare, a questo povero mondo, un salto evolutivo a beneficio di tutti;

eroi che forse pochi conoscono o ricordano, ma delle cui gesta ne beneficiano sempre!

C'è, dunque, ancora bisogno di un cammino evolutivo e di originali eroi che sappiano prendere la giusta iniziativa...!!!".

Una legge giusta e una corretta applicazione di essa sono le 'forze regolatrici' di una vera civiltà.

"Difatti un Paese che non sa amministrare la giustizia, è un Paese in cui la cultura amorale può, sinuosamente, risalire dal sottobosco fino a divagare in superficie, abbracciando teneramente, nell'insorgente ingiustizia sociale che ne deriva, gli antichi e nuovi alleati sollevatori di altre amoralità".

*

IL RISARCIMENTO

NEL PROCESSO CIVILE

-errori da evitare, e rimedi esperibili-

(Guida Pratica)

Capitolo 2

Le fasi del processo civile ordinario

Il processo civile consta di tre fasi:

N.B. In determinate materie esiste una preclusione, ovvero prima di agire è necessario esperire il procedimento di mediazione.

1)- **la fase introduttiva**, in cui colui (il quale viene denominato 'attore') che formula la domanda (ad esempio una richiesta di risarcimento del danno) indirizza la richiesta alla controparte (denominato anche 'convenuto') con un atto di citazione (art. 163 c.p.c.), invitandolo in una udienza in tribunale per discutere la causa. Entro 10 giorni, dalla notifica a controparte dell'atto, l'attore è tenuto al deposito della citazione in cancelleria (art. 165 c.p.c.), dopo di cui il processo ha inizio.

Dal canto suo il convenuto ha l'onere di costituirsi

entro 20 giorni prima dell'udienza di comparizione fissata nell'atto di citazione, depositando (artt. 166, e 167 c.p.c.) in cancelleria una comparsa di costituzione e risposta (ovvero un atto con cui si difende da quanto richiesto dall'attore, prendendo posizione su tutte le questioni presenti nella citazione).

2)- **La trattazione**, ovvero la discussione e l'istruzione della causa, momento in cui le parti (ovvero i propri avvocati) vengono in udienza ('di prima comparizione e trattazione', ex art. 183 c.p.c.) per trattare la causa oralmente redigendo un verbale, e in cui, tra le altre cose, possono precisare e modificare le domande, le eccezioni e le conclusioni già proposte, tra cui il '*petitum*' e la '*causa petendi*'.

In questa sede il giudice, dopo le verifiche preliminari, autorizza le parti, su richiesta, al successivo deposito di alcune memorie ex art. 183 co. 6 c.p.c., n. 1 (entro 30 giorni dall'udienza -attività assertiva, ossia di precisazione e modificazione dei fatti a sostegno della domanda e delle eccezioni, tra cui ancora il *petitum* e la *causa petendi*, come da giurisprudenza che si vedrà più avanti-), n. 2 (entro 30 giorni dal termine per il deposito della memoria n. 1 -attività asseverativa, ossia si indicano i mezzi di prova-), e n. 3 (entro 20 giorni dal termine per il deposito della memoria n. 2 -attività di prova contraria-), ovvero degli atti con i quali gli avvocati delle parti possono precisare o modificare quanto esposto nei propri atti introduttivi.

Successivamente vi è l'udienza (ex art. 183 co. 7 c.p.c.) in cui il giudice dispone l'assunzione (con ordinanza) dei mezzi di prova ammissibili fissando una nuova udienza (ex art. 184 c.p.c.).

N.B. A questo punto può però accadere che il giudice se ritiene già la causa matura per la decisione senza bisogno di assunzione di prove invita le parti a precisare le conclusioni (ai sensi degli artt. 189 e 190 c.p.c.).

In questa udienza (ex art. 184 c.p.c.) il giudice provvede all'assunzione dei mezzi di prova ammessi nella precedente udienza (ex. art. 183 co. 7 c.p.c.), e inizia la fase istruttoria, in cui vengono acquisite in giudizio le prove richieste dalle parti (documenti, testimonianze, CTU...).

Dopo aver esperito tutti i mezzi di prova ammessi (per la cui acquisizione ci potrebbero volere altre e diverse udienze successive), il giudice invita le parti a precisare le conclusioni a verbale in un apposita ultima udienza (art. 189

c.p.c.), in cui si definiscono definitivamente le proprie richieste, anche alla luce di quanto emerso nel corso della discussione e dell'istruzione della causa, e la stessa viene rimessa al collegio (al giudice).

Questo è l'ultimo momento in cui, a fronte di sopravvenienze, il *petitum* potrà essere modificato.

A questo punto il giudice dispone alle parti il deposito di comparse conclusionali -art. 190 c.p.c.- (entro 60 giorni dall'ultima predetta udienza -attività unicamente conclusionale e ricognitiva di quanto emerso in corso di causa, e non si potrà modificare né il *petitum* né la *causa petendi*) e di memorie di replica (entro 20 giorni dal termine per il deposito delle comparse conclusionali -con l'unica funzione di replicare alla comparsa conclusionale di controparte-).

3)- **La fase decisoria**, a questo punto, il giudice, avendo tutti gli elementi per pronunciarsi sulla controversia, emette la sentenza.

-Contro la sentenza di I grado si può ricorrere in un giudizio di II grado, ovvero davanti alla Corte d'appello.

-Infine, contro la sentenza di II grado si può ricorrere alla Corte Suprema di Cassazione (terzo e ultimo grado di giudizio).

I giudici di I e di II grado sono detti 'di merito', così pure la sentenza da loro emessa, in quanto giudicano il merito della causa (la ragione delle pretese delle parti), ovvero accertano le vicende oggetto della controversia ponendo, in sentenza, una ricostruzione degli avvenimenti emersi in corso di causa, con una cognizione sia di tipo fattuale sia in termini di diritto.

Il giudizio della Corte di Cassazione è detto, invece, 'di legittimità', così pure la sentenza emessa, in quanto in esso l'analisi è limitata solo alle questioni di diritto (questo vale anche in sede penale), e i fatti oggetto di causa non vengono sottoposti ad una nuova valutazione e/o a un nuovo accertamento.

Il giudizio di legittimità è specificamente volto solo ad accertare se i giudici di merito, di I e di II grado, abbiano fatto buona applicazione dei principi di legge e della normativa che regola la controversia su cui si sono, appunto, pronunciati.

*

IL RISARCIMENTO

NEL PROCESSO CIVILE

-errori da evitare, e rimedi esperibili-

(Guida Pratica)

Capitolo 3

L'atto di citazione

L'atto di citazione, secondo l'art. 163 co. 3, del codice di procedura civile (c.p.c.), deve contenere:

n. 1) l'indicazione del tribunale davanti al quale la domanda è proposta;

n. 2) il nome, il cognome, la residenza e il codice fiscale dell'attore, il nome, il cognome, il codice fiscale, la residenza o il domicilio o la dimora del convenuto e delle persone che rispettivamente li rappresentano o li assistono. Se attore o convenuto è una persona giuridica, un'associazione non riconosciuta o un comitato la citazione deve contenere la denominazione o la ditta, con l'indicazione dell'organo o ufficio che ne ha la rappresentanza in giudizio;

3) la determinazione della cosa oggetto della domanda;

4) l'esposizione dei fatti e degli elementi di diritto costituenti le ragioni della domanda, con le relative conclusioni;

*5) **l'indicazione specifica dei mezzi di prova dei quali l'attore intende valersi** e in particolare dei documenti che offre in comunicazione;*

6) il nome e il cognome del procuratore e l'indicazione della procura, qualora questa sia stata già rilasciata;

7) l'indicazione del giorno dell'udienza di comparizione; l'invito al convenuto a costituirsi nel termine di venti giorni prima dell'udienza indicata ai sensi e nelle forme stabilite dall'art. 166, ovvero di dieci giorni prima in caso di abbreviazione dei termini, e a comparire, nell'udienza indicata, dinanzi al giudice designato ai sensi dell'art. 168-bis, con l'avvertimento che la costituzione oltre i suddetti termini implica le decadenze di cui agli artt. 38 e 167".

Nell'atto di citazione l'avvocato diligente, oltre a dover fare molta attenzione nell'esporre quanto previsto dal su esposto co. 3, ai n. *1, 2, 6* e *7*, deve, soprattutto, quanto più compiutamente possibile, ivi 'cristallizzarvi' i fondamentali elementi costitutivi, ovvero il '*petitum*' e la '*causa petendi*' (di cui ai n. *3* e *4* sempre del citato co. 3; mentre l'indicazione dei mezzi di prova, di cui al n. 5, può avvenire, invece, anche in un secondo momento, dato che le parti possono produrre documenti e chiedere mezzi istruttori, non proposti negli atti introduttivi, nei termini indicati dall'ex art. 183 co. 6 c.p.c.).

Si pensi all'atto di citazione come a un contratto in cui, oltre a trascrivere i dati delle parti, **si 'cristallizzano' tutte le ragioni e tutte le condizioni.**

Del tutto similmente **un atto di citazione è un documento in cui,** oltre a dover trascrivere i dati delle parti, **vanno precisamente esposti tutte le ragioni, le richieste e le motivazioni in essere della citazione.**

In merito proprio a questo originario e fondamentale atto, frequentemente, **si assiste**, invece, **ad una formulazione, da parte di alcuni avvocati, alquanto stringata e povera di deduzioni in ordine agli elementi costitutivi**, ovvero il **'*petitum*'** e la **'*causa petendi*'.**

Si pone, comunemente, molta attenzione agli elementi che potrebbero rendere inammissibile l'atto (co. 3, n. *1, 2, 6,* e *7*), **ma, non di rado, si assiste**, tuttavia, **a una trascuratezza**, con evidente superficialità e negligenza, **nell'esporre gli elementi costitutivi** (*petitum* e *causa petendi*) **del contendere.**

Questo può, molto spesso, comportare enormi difficoltà alla parte attrice, in quanto resterà per sempre 'vincolata' a quanto, in ordine agli elementi costitutivi, esposto nel proprio atto introduttivo del giudizio.

Non avere ben chiare, sin da subito, queste possibili future complicanze è pura negligenza.

Difatti un avvocato diligente, prima di redigere un atto di citazione, dovrebbe studiarsi con molta attenzione i documenti e il 'racconto' proposti dal proprio cliente -attore-, perché solo così potrà congruamente esporre, sin dall'atto introduttivo, tutte le puntuali, corrette, precise ragioni, richieste e motivazioni della sua volontà del contendere nei confronti della parte avversaria.

Personalmente ho avuto modo di rilevare atti introduttivi stringatissimi, di appena due/tre pagine; sono anche a conoscenza di atti di citazione in cui il *petitum* era del tutto scarsamente argomentato, perfino auto-limitandosi, nella richiesta medesima, con una superficiale domanda di riconoscimento di un solo danno (senza tener presente, con diligenza, che nel novero vi dovevano rientrare, sin da subito, 'finanche solo in via prudenziale', anche altri).

Alcuni, invece, per non rischiare di auto-limitarsi nelle richieste, e non avendo ben chiaro sin da subito l'entità qualitativa del *petitum* (oltre che quantitativa), adottano, semplicisticamente, una mera formula '*tutti i danni subiti e subendi*', mera formula che da sola, certamente, può andare bene nelle ivi conclusioni (e che associata alle richieste specifiche dev'essere sempre usata), ma non nella narrativa dell'atto, in cui, al contrario, dovrebbero essere passati in esame -nei limiti del possibile- (specie nel caso si tratti di mero danno permanente istantaneo e, dunque, non in evoluzione) uno a uno e con compiutezza.

Allo stesso modo si possono rilevare atti introduttivi in cui la *causa petendi*, ovvero le ragioni del contendere, sono formulate con una tale assenza di precisione e correlazione che fanno rabbrividire.

"*Il lavoro di avvocato dovrebbe sempre essere -tassativamente- svolto con dignità, onestà, competenza e diligenza;*

esso è un mestiere che esige abilità intellettive di rilievo, e particolare prudenza e diligenza.

Non è, dunque, un lavoro che può fare chiunque!!!".

Pur con ciò si vedono 'circolare' avvocati, i quali per la loro, evidente, scarsità di capacità tutt'altro lavoro avrebbero dovuto scegliere di svolgere nella propria vita.

Il mondo diciamo è così...!!!, non lo si può cambiare in questo senso..., ma, conoscendo 'le fondamenta' che lo 'reggono', lo si può gestire al meglio, difatti, sta all'individuo accorto 'conoscere', *"perché la conoscenza delle cose è sempre un vantaggio che fa la differenza in tutto e per tutto"*.

*

IL RISARCIMENTO

NEL PROCESSO CIVILE

-*errori da evitare, e rimedi esperibili*-

(Guida Pratica)

Capitolo 4

Modifica del 'petitum' e della 'causa petendi' ai sensi dell'ex art. 183 del c.p.c.

Bene, fatta questa premessa, si può adesso argomentare della funzione dell'ex art. 183 del codice di procedura civile (c.p.c.) in ordine alla modificabilità del '*petitum'* e della '*causa petendi'.*

Ciò per far rilevare come, di fronte a un atto di citazione, il quale (per i più svariati motivi qui anche descritti) **sia precario e/o deficitario nei suoi elementi costitutivi** (anche per via della possibile circostanza che, nel frattempo, altri danni siano insorti e/o siano insorgenti), ovvero il *petitum* e la *causa petendi,* **si possa ancora operare una precisa modifica evitando di far subire alla parte attrice un danno conseguente.**

Il testo vigente dell'ex art. 183 del c.p.c. recita:

co. *1*. *All'udienza fissata per la prima comparizione delle parti e la trattazione il giudice istruttore verifica d'ufficio la regolarità del contraddittorio e, quando occorre, pronuncia i provvedimenti previsti dall'articolo 102, secondo comma, dall'articolo 164, secondo, terzo e quinto comma, dall'articolo 167, secondo e terzo comma, dall'articolo 182 e dall'articolo 291, primo comma.*

co. *2*. *Quando pronunzia i provvedimenti di cui al primo comma, il giudice fissa una nuova udienza di trattazione.*

co. *3*. *Il giudice istruttore fissa altresì una nuova udienza se deve procedersi a norma dell'articolo 185.*

co. *4*. *Nell'udienza di trattazione ovvero in quella eventualmente fissata ai sensi del terzo comma, il giudice richiede alle parti, sulla base dei fatti allegati, i chiarimenti necessari e indica le questioni rilevabili d'ufficio delle quali ritiene opportuna la trattazione.*

co. *5*. ***Nella stessa udienza l'attore può proporre le domande e le eccezioni che sono conseguenza della domanda riconvenzionale o delle eccezioni proposte dal convenuto.*** *Può altresì chiedere di essere autorizzato a chiamare un terzo ai sensi degli articoli 106 e 269, terzo comma, se l'esigenza è sorta dalle difese del convenuto. **Le parti possono precisare e modificare le domande, le eccezioni e le conclusioni già formulate**.*

co. *6*. *Se richiesto, il giudice concede alle parti i* *seguenti termini perentori:*

*n. 1) un termine di ulteriori trenta giorni per il deposito di **memorie limitate alle sole precisazioni o modificazioni delle domande, delle eccezioni e delle conclusioni già proposte**;*

n. 2) un termine di ulteriori trenta giorni per replicare alle domande ed eccezioni nuove, o modificate dall'altra parte, per proporre le eccezioni che sono conseguenza delle domande e delle eccezioni medesime e per l'indicazione dei mezzi di prova e produzioni documentali;

n. 3) un termine di ulteriori venti giorni per le sole indicazioni di prova contraria".

Ai fini della determinazione del valore della domanda **il giudice deve sempre tener conto del contenuto sostanziale della pretesa** fatta valere:

Cass. n. 23794/2011: "***Il giudice*** *del merito,* ***nell'indagine diretta all'individuazione del contenuto e della portata delle domande sottoposte alla sua cognizione***, *non è tenuto ad uniformarsi al tenore meramente letterale degli atti nei quali esse sono contenute, ma* ***deve***, *per converso,* ***avere riguardo al contenuto sostanziale della pretesa fatta valere, come desumibile dalla natura delle vicende dedotte e rappresentate dalla parte istante, mentre incorre nel vizio di omesso esame ove limiti la sua pronuncia alla sola***

31

prospettazione letterale della pretesa, trascurando la ricerca dell'effettivo suo contenuto sostanziale (fra molte, Cass. nn. 3012/2010, 19331/07, 23819/07) ",

e deve, infatti, **valutare non solo le risultanze dell'atto di citazione, ma anche le precisazioni e/o modificazioni apportate** dall'attore **nella prima udienza di comparizione e trattazione** (ex art. 183, **co. 5** c.p.c.) **e/o nella propria Memoria ex art. 183 co. 6, n. 1**, c.p.c.

Tuttavia, la *causa petendi* non dev'essere 'estesa' o 'mutata', a meno che non si ponga in un rapporto di '*alternatività*' con la precedente.

La S.C. nella sentenza di Cass., Sez. Unite, 15-06-2015, n. 12310 -Presidente Rovelli- precisa:

*"La S. Corte, in merito alla modifica prevista nella Memoria 183 cpc, dichiara: <...***la norma in esame non prevede limiti né qualitativi né quantitativi alla modificazione ammessa e che in nessuna parte della norma suddetta è dato riscontrare un (esplicito o implicito) divieto di modificazione -in tutto o in parte- di uno degli elementi oggettivi di identificazione della domanda***>".*

Aggiunge al ragionamento: *"la vera differenza tra le domande <nuove> implicitamente vietate -in relazione alla* *eccezionale ammissione di alcune di esse- e le domande <modificate> espressamente ammesse non sta dunque nel fatto che in queste ultime le <modifiche> non possono incidere sugli elementi identificativi, bensì nel fatto che le domande modificate non possono essere considerate <nuove> nel senso di <ulteriori> o <aggiuntive>, trattandosi pur sempre delle stesse domande iniziali modificate -eventualmente anche in alcuni elementi fondamentali-, o, se si vuole, di domande diverse che però non si aggiungono a quelle iniziali ma le sostituiscono e si pongono pertanto, rispetto a queste, in un rapporto di alternatività".*

Dichiara ancora che la domanda modificata sostituisce la domanda iniziale: "*La domanda 'modificata' sostituisce la domanda iniziale e non si aggiunge ad essa; la modifica interviene pur sempre nella fase iniziale del giudizio di primo grado, prima dell'ammissione delle prove; la modifica -quale ne sia la portata- non potrebbe giammai comportare tempi superiori a quelli già preventivati dal medesimo art. 183 c.p.c., laddove prevede che il giudice, su richiesta delle parti, concede una serie di termini predeterminati, anche in ipotesi di mera precisazione ovvero di modificazione intesa nei più ristretti limiti finora ammessi in linea di principio dalla giurisprudenza di legittimità*".

33

Inoltre: *"l'eventuale modifica avviene sempre in riferimento in connessione alla medesima vicenda sostanziale in relazione alla quale la parte è stata chiamata in giudizio; la parte sa che una simile modifica potrebbe intervenire, sicché non si trova rispetto ad essa come dinanzi alla domanda iniziale";*

infatti: *"alla suddetta parte è in ogni caso assegnato un congruo termine per potersi difendere e controdedurre anche sul piano probatorio".*

Ribadisce ancora: *"E' perciò da ritenersi che il legislatore abbia scelto proprio questo momento per consentire, prima dell'inizio della trattazione della causa <correzioni di tiro> e cambiamenti anche rilevanti...al fine di massimizzare la portata dell'intervento giurisdizionale richiesto così da risolvere in maniera tendenzialmente definitiva i problemi che hanno portato le parti dinanzi al giudice, evitando che esse tornino nuovamente in causa in relazione alla medesima vicenda sostanziale...".*

Inoltre: *"ridurre la modificazione ammessa ad una sorta di precisazione o addirittura di mera diversa qualificazione giuridica del fatto costitutivo del diritto... significherebbe costringere la parte che abbia meglio messo a fuoco il proprio interesse e i propri intendimenti in relazione ad* *una determinata vicenda sostanziale...a rinunciare alla domanda già proposta per proporne una nuova in un altro processo...ovvero a continuare il processo perseguendo un risultato non perfettamente rispondente ai propri desideri ed interessi, per poi eventualmente proporre una nuova domanda...dinanzi ad un altro giudice...con effetti incidenti negativamente: sulla <giustizia> sostanziale della decisione (posto che essa può essere meglio assicurata se sono veicolati nel medesimo processo tutti i vari aspetti e le possibili ricadute della medesima vicenda sostanziale ed <esistenziale>, evitando di fornire al giudice la conoscenza di una realtà sostanziale artificiosamente frammentata con l'effetto di determinare una visione parziale); sul rischio di giudicati contrastanti; sulla ragionevole durata dei processi, valore costituzionale da perseguire anche nell'attività di interpretazione delle norme processuali da parte del giudice...al fine di una maggiore economia processuale ed una migliore giustizia sostanziale, la concentrazione nello stesso processo e dinanzi allo stesso giudice delle controversie aventi ad oggetto la medesima vicenda sostanziale (basti pensare alle disposizioni codicistiche in tema di connessioni o di riunioni di procedimenti)...".*

E, ancora: *"L'interpretazione adottata in questa sede risulta infatti maggiormente rispettosa dei principi di economia processuale e ragionevole durata del processo, posto che, come già rilevato, non solo non incide negativamente sulla durata del processo nel quale la modificazione interviene, ma determina anzi una indubbia incidenza positiva più in generale sui tempi della giustizia, in quanto è idonea a favorire una soluzione della complessiva vicenda sostanziale ed esistenziale portata dinanzi al giudice in un unico contesto, invece di determinare la potenziale proliferazione dei processi...*

*La concentrazione favorita da **tale interpretazione** risulta inoltre maggiormente rispettosa della stabilità delle decisioni giudiziarie, anche in relazione alla limitazione del rischio di giudicati contrastanti, nonché della effettività della tutela assicurata, sempre messa in pericolo da pronunce meramente formalistiche.*

*A tale ultimo proposito è in linea generale ancora da sottolineare che **la previsione costituzionale di un processo <giusto> impone al giudice di non limitarsi alla meccanica e formalistica applicazione di regole processuali astratte, ma di verificare sempre** (e quindi ogni volta) **se l'interpretazione adottata sia necessaria ad assicurare nel caso concreto le garanzie fondamentali** in funzione delle quali le norme oggetto di interpretazione sono state poste, **evitando che,** in mancanza di tale necessità, **il rispetto di una ermeneutica tralaticia sottratta*** *alla necessaria verifica in rapporto al caso concreto si traduca in un inutile complessivo allungamento dei tempi di giustizia ed in uno spreco di risorse, con correlativa riduzione di effettività della tutela giurisdizionale"*.

Tutto ciò per dire che si deve essere 'comprensivi' nell'ampliamento della domanda da parte della difesa delle parti in causa.

La Suprema Corte, partendo da questa premessa, ha ritenuto necessario procedere ad una corretta interpretazione della struttura e della funzione dell'ex art. 183 del c.p.c.:

il divieto di domande nuove nel corso dell'udienza prevista dal predetto articolo, e/o col deposito della prima Memoria, e la conseguente affermazione di ritenere come *"nuove le domande che differiscono da quella iniziale anche solo per uno degli elementi identificativi sul piano oggettivo (petitum, causa petendi)"*, si riducono ad una mera ed errata 'convinzione', atteso che da un lato nell'ex art. 183 del c.p.c. non è rinvenibile un esplicito impedimento come quello, invece, riscontrabile per il giudizio di appello nell'art. 345 c.p.c., dall'altro l'art. 189 c.p.c., in ordine all'ultima udienza di causa, parla espressamente di *'precisazione delle conclusioni'*, lasciando intendere la possibilità di *"cambiare le domande e conclusioni avanzate nell'atto introduttivo in maniera sensibilmente apprezzabile"*.

Difatti una modifica anche incisiva della domanda non potrebbe arrecare alcun pregiudizio alla difesa della controparte, nemmeno al principio della ragionevole durata del processo, in quanto interviene in un momento processuale -udienza di prima comparizione (ex art. 183 co. 5 c.p.c.)- in cui la trattazione della causa non è ancora sostanzialmente iniziata e, quindi, prima dell'ammissione delle prove e della concessione del triplice termine di cui all'ex art. 183, co. 6, c.p.c., **"sempre che la domanda così modificata risulti in ogni caso connessa alla vicenda sostanziale dedotta in giudizio"**.

Entrambe le parti, dunque, ai sensi dell'ex art. 183 del c.p.c., possono precisare e modificare le domande, le eccezioni e le conclusioni già formulate, e possono chiedere al giudice i termini di cui al sesto comma (30+30+20).

Orbene, solo all'esito delle suddette attività il '*thema decidendum'* (ovvero il tema su cui va decisa la causa) è fissato definitivamente.

A conclusione le Sezioni Unite statuiscono il

seguente principio di diritto: *"La modificazione della domanda ammessa a norma dell'art. 183 c.p.c., può riguardare anche uno o entrambi gli elementi identificativi della medesima sul piano oggettivo (petitum e causa petendi), sempre che la domanda così modificata risulti in ogni caso connessa alla vicenda sostanziale dedotta in giudizio, e senza che per ciò solo si determini la compromissione delle potenzialità difensive della controparte ovvero l'allungamento dei tempi processuali. Ne consegue che deve ritenersi ammissibile la modifica, nella memoria all'uopo prevista dall'art. 183 c.p.c...".*

Tale interpretazione, secondo le Sezioni Unite, consegue gli obiettivi di garantire una maggiore economia processuale, una maggiore stabilità delle decisioni giudiziarie e, dunque, una migliore giustizia per tutte le parti processuali.

Ora è evidente che la modifica del *petitum* chiesto nell'atto di citazione, operata preferibilmente già all'udienza di prima comparizione e trattazione (ex art. 183 co. 5 c.p.c.) e/o al massimo nella Memoria ex art. 183 co. 6, n. 1, c.p.c., se, oltre ad essere estremamente necessaria e pienamente motivata, risulta anche perfettamente ed unicamente, in tutto e per tutto, collegata alla vicenda sostanziale dedotta nell'atto introduttivo, **non può, dunque, essere inammissibile**.

Qualora l'oggetto del processo consista in un diritto risarcitorio derivante da fatto illecito permanente sarà possibile, per l'attore, introdurre, nel giudizio di I grado -previa specifica e tempestiva richiesta di rimessione in termini (art. 153 co. 2 c.p.c.)-, le sopravvenienze (relative al fatto lesivo e al danno), le quali continuano ad 'alimentarsi' in corso di causa, fino al momento dell'udienza di precisazione delle conclusioni -art. 189 c.p.c.- (attenzione, in tale sede, potrà essere meglio precisato solo il *petitum*, maggiorandolo nel caso, ma non si potranno proporre i nuovi danni insorti e/o insorgenti, in quanto ciò richiederebbe nuove indagini istruttorie ormai precluse);

Cass. 11 novembre 2011, n. 23561: *"La rimessione in termini, tanto nella versione prevista dall'art. 184 bis c.p.c., quanto in quella di più ampia portata prefigurata nel novellato art. 153, comma 2, c.p.c., presuppone la tempestività dell'iniziativa della parte che assuma di essere incorsa nella decadenza per causa ad essa non imputabile, tempestività da intendere come immediatezza della reazione della parte stessa al palesarsi della necessità di svolgere un'attività processuale ormai preclusa";*

in quanto, in questo caso, il processo, visto il suo oggetto potenzialmente 'mobile', si deve 'aprire' ad una possibile integrazione che determini, inevitabilmente, un'estensione o una diversa specificazione del *quantum* (o *petitum*).

Il danno derivante da illecito permanente, ad esempio, vista la sua natura, potrebbe mutare forma in corso di causa, ovvero aggravarsi, recidivare...

Secondo Cass., n. 9249/2015, tenendo conto che l'oggetto della causa, sottoposto al proprio esame, era un danno permanente in evoluzione (e, dunque, non meramente istantaneo) l'attore aveva l'onere di descrivere il danno, ma non di quantificarlo.

Accoglie il ricorso e rinvia alla corte di appello disponendo l'applicazione del principio secondo cui *"la consulenza tecnica d'ufficio, che di norma non è mezzo di prova, lo diventa allorché la prova del danno -come quello alla salute- sia impossibile od estremamente difficile a fornirsi con i mezzi ordinari"*.

In questo senso, in giurisprudenza, la Cass. n. 16564/2002 (in '*danno e resp.*', 5, 2003, con nota di MASTRORILLI, '*Occupazione acquisitiva illecita e problemi di prescrizione della domanda risarcitoria'*), per cui è onere della parte *"allegare e provare i danni che ha sopportato e d'altro canto le è consentito, senza che ciò significhi proporre una nuova domanda, indicare nel corso del giudizio i danni che l'illecito le è venuto causando anche dopo la domanda (art. 345, comma 1, c.p.c.)"*;

e, infatti, *"se il fatto illecito...è in atto quando è proposta la domanda, la parte può chiedere il risarcimento non solo del danno già subito, ma anche di quello che potrà subire nel corso del processo, sino a quando il fatto illecito si protragga...la domanda così proposta consente alla parte*, non solo in primo grado, ma nei successivi gradi di merito, di appello ed allora anche in quello di eventuale rinvio, *di chiedere la liquidazione di tutti i danni, mano a mano prodottisi"*.

La giurisprudenza ammette:

a)- <u>**sia la possibilità**</u> di allegare in corso di causa il mero aggravamento o miglioramento del danno, per cui: *"in tema di lesioni personali, il diritto al risarcimento in relazione a eventuale aggravamento che si verifichi nel corso del giudizio di primo grado non configura una nuova posta risarcitoria, poiché fa parte della domanda originaria di risarcimento"* (Cass. n. 23220/2015);

così come: *"il giudice deve tener conto degli eventi*

*che, in corso di causa, **riducono il danno medesimo, perché altrimenti, verrebbe meno l'equivalenza tra il danno cagionato ed il risarcimento e la sentenza di condanna attribuirebbe al danneggiato più di quanto gli spetta*** (Cass. n. 7631/2003; Cass. n. 2281/1980);

per cui: *"**l'aggravamento del danno incide sull'entità pecuniaria da attribuire al danneggiato a titolo risarcitorio, onde è giusto che di esso**, eventualmente verificatosi nelle more del giudizio, **il giudice tenga conto nella liquidazione del quantum debeatur"** (Cass. n. 1744/1965, in 'Giur. it', 1965, I, 1, 1304);

b)- <u>sia quella</u> di allegare nuovi danni verificatisi nel corso del giudizio, per cui: *"**deve ritenersi ammessa nel corso di tutto il giudizio di primo grado e finché non si precisano le conclusioni, la modificazione quantitativa del risarcimento del danno in origine richiesto, intesa...anche come richiesta dai danni provocati dallo stesso fatto che ha dato origine alla causa, che si manifestano solo nel corso del giudizio.** Se danni di questo tipo, chiesti in primo grado, si sono prodotti anche dopo la sentenza di primo grado, possono essere ancora chiesti in grado di appello".*

Essendo questo: *"**il frutto di un bilanciamento del diritto dell'attore ad ottenere soddisfazione in un tempo ragionevole e di quello del convenuto al rispetto del*** *contraddittorio:* *__sarebbe irrazionale costringere l'attore a__* *__promuove successivi giudizi__* *per far valere il progressivo* *__ampliarsi del danno__*, *in presenza di un comportamento dannoso in atto al momento della domanda o di un evento dannoso che non ha ancora esaurito i suoi effetti;* ***d'altra parte, ciò di cui si discute tra le parti resta tuttavia il danno****, inteso nel suo complesso, come pregiudizio arrecato al diritto dell'attore da un comportamento determinato del convenuto"* (Cass. n. 16819/2003, in '*Giur. it'*, 2004, 724).

Per cui: *"nel giudizio di risarcimento del danno è consentito all'attore chiedere per la prima volta in appello un risarcimento degli ulteriori danni, provocati dal medesimo illecito, manifestatisi solo in corso di causa"* (Cass. n. 14803/2012; Cass. n. 9453/2013, in '*Foro it'*, 2014, 3, I, 913).

Nel caso in cui si subisca **un fatto illecito permanente può verificarsi la circostanza nella quale lo stesso danno si evolve nel corso del tempo e, dunque, nel corso del processo già in atto.**

Può accadere infatti:

1- **che siano riconoscibili per la prima volta, soltanto in corso di causa, danni provocati dallo stesso fatto lesivo che ha dato origine alla controversia** sia perché, pur usando l'ordinaria diligenza, in precedenza non

44

erano stati individuati dalla parte sia perché essi all'epoca non erano ancora insorti; pregiudizi che, in precedenza, non avrebbero potuto essere individuati, perché ancora inesistenti o incolpevolmente sconosciuti.

Se in passato il problema dei 'nuovi danni', riconducibili causalmente allo stesso evento lesivo, si poneva di frequente dopo la definizione della causa, e magari in appello, oggi, invece, la durata irragionevole dei processi civili ha aumentato le possibilità che questi vengano scoperti quando è, appunto, ancora in corso il giudizio di I grado.

Per cui può accadere che il corso del tempo fa sì che, in corso di causa, insorgano, o diventino per la prima volta visibili, ulteriori danni derivanti dal medesimo fatto lesivo.

2- Al contempo **può verificarsi, altresì, che il medesimo danno già dedotto nell'atto di citazione muti forma, ad esempio si aggravi, mentre la causa è ancora in corso;** si pensi ad una malattia che subisce un peggioramento repentino e imprevisto, ancorché questi pregiudizi siano già stati allegati in atti è la loro gravità a propagarsi, dunque in questo caso gli stessi danni già dedotti nell'atto di citazione si 'allungano' e sono legittimati ad essere dedotti e documentati nel processo in corso.

Bisogna, per l'appunto, 'armonizzare', di volta in volta, l'estensione del *petitum* e il contenuto della domanda volta al suo accertamento, difatti se il '*thema decidendum*' non potesse essere aggiornato -seppur con le giuste formalità- il primo giudizio risarcitorio risulterebbe, quantomeno in parte, inutile e, conseguentemente, la tutela giurisdizionale si mostrerebbe inefficace; ci si esporrebbe "***al rischio di mettere in circolazione delle decisioni inutiliter datae***" che intervengono su una realtà sostanziale ormai già mutata e che il giudicato non è in grado di coprire (CAPONI, '*La rimessione in termini*', cit., 324; ID., nota a Trib. Catania, ord. 30-04-98, in '*Foro it*', 1998, I, 2290; ORIANI).

In secondo luogo, **la parte lesa vedendosi costretta ad instaurare un nuovo giudizio,** nel quale far valere la nuova parte del proprio diritto risarcitorio, **dovrebbe affrontare nuove spese processuali e la 'parcellizzazione' del diritto in più processi,** e a ciò sarebbe indotta, appunto, non in forza di una condotta 'abusiva', contraria alla 'buona fede processuale' (cioè frutto di una studiata strategia processuale abusiva), ma in ragione delle preclusioni previste nelle procedure civili.

In questo modo verrebbe frustrato non soltanto il principio di economia processuale, atteso che *"quanto più si escludano le novità nel procedimento in corso, tanto maggiore è la possibilità di dar vita ad una seconda iniziativa processuale"* (1 BIANCHI, '*Il giudizio di modificazione delle condizioni di separazione dei coniugi ex art. 710 c.p.c.*', Napoli-Roma, 2012, 131; LUISO, Art. 17, cit., 100), ma soprattutto quello di unitarietà del diritto della domanda e del processo risarcitorio, sancito proprio da quella stessa giurisprudenza di legittimità che ha voluto in generale scoraggiare lo 'scorporo' della domanda risarcitoria e la cui ragione fondamentale, applicabile anche alla fattispecie in esame, è proprio quella di far sì che i molteplici danni (patrimoniali e non), causati da un unico fatto lesivo, siano accertati in un solo processo, ovviamente in tutti i casi in cui ciò sia possibile.

In altri termini, **in questi casi, vi sarebbe un 'frazionamento imposto' del diritto risarcitorio.**

Inoltre, **la conseguenza di un accertamento del diritto risarcitorio 'a porzioni o a parti' porterebbe,** inevitabilmente, **alla perdita dei vantaggi già ottenuti**

attraverso l'istruttoria del processo in corso, nel quale potrebbero essere già state accertate e provate altre parti del diritto risarcitorio, come la sussistenza e il grado di responsabilità del convenuto e la specifica dinamica dei fatti originanti il fatto lesivo.

Com'è stato già correttamente rilevato: *"la res controversa non viene incapsulata in una campana di vetro, insensibile a qualunque mutamento della realtà esterna, ma ne subisce i contraccolpi"* e non può certo *"essere considerata negligente una parte per il solo fatto di non possedere virtù divinatorie"* (Cfr. ORIANI, 'L'*eccezione di merito*', cit., 34; ID., '*Domanda giudiziale*', in '*Enc. giur. Trecc.*', Roma, XII, 1988), cosicché l'allegazione, in corso di causa, del nuovo danno, o dell'aggravamento o miglioramento di quello già dedotto, non può certo essere impedita dal maturare delle preclusioni processuali, le quali rappresentano, e devono rappresentare, solo uno strumento 'tecnico' volto alla sussistenza degli 'equilibri', ma che non dev'essere interpretato e usato per 'strozzare' o 'sacrificare' l'inviolabile e superiore fine di giustizia cui, lo stesso processo, è votato.

Per cui: *"quanto ai fatti sopravvenuti...essi non dovrebbero essere deducibili tardivamente, quando potrebbero fondare una nuova domanda che, se non proposta, resterebbe estranea al giudicato e perciò ancora proponibile in altro giudizio; ma poiché la logica del sistema non può imporre la frammentazione del giudizio, quando è evitabile, sembra preferibile la tesi della loro (facoltativa) deducibilità tardiva*" (Cfr. MANDRIOLI, '*Diritto processuale civile*', Vol. II, Il '*processo ordinario di cognizione*', Torino, 2012, 97).

E, ancora: "*le severissime preclusioni fungono da moltiplicatori delle liti ed ancor più lo saranno se non si ammetterà la possibilità...di variare domande, eccezioni e conclusioni in base a fatti sopravvenuti all'intervento delle preclusioni*" (TAVORMINA, Commento alla l. 26 novembre 1990, n. 353, in '*Corr. Giur.*', 1, 1990, 48).

Qualora, nel processo, **l'attore opti, sin dalla domanda contenuta nell'atto di citazione, anche per la richiesta di risarcimento per equivalente pecuniario** il diritto viene dedotto come tale, **non avendo più valore identificatorio l'entità del *quantum* richiesto** (e conseguentemente non è necessario cristallizzarla nell'atto di citazione).

La conferma sta anche nel fatto che il *quantum* può essere sempre determinato dal giudice in via equitativa (ex art. 1226 richiamato in ambito aquiliano dall'art. 2056 c.c.).

Spesso, infatti, la quantificazione del danno (o dei danni) all'inizio, nella stesura dell'atto di citazione, può risultare assai difficile o particolarmente problematica (soprattutto nei riguardi del danno non patrimoniale), cosicché, in questi casi, soltanto il giudice può accertare e decidere, a seguito dell'istruttoria (e di un'eventuale CTU), il suo preciso ammontare, e ciò può avvenire anche in divergenza con quanto domandato dall'attore nel proprio atto di citazione.

D'altra parte **dovrebbe essere oltremodo evidente e chiaro che, una volta che siano stati dedotti, documentati e provati tutti i fatti costitutivi, e che sia stata,** opportunamente, **richiesta la relativa tutela risarcitoria** (*petitum*)**, non infici il diritto di difesa della controparte la condanna al pagamento di 10 o di 100,** fermo restando che la dedotta e documentata dinamica dei fatti che fonda la richiesta tanto di 10 quanto di 100 sia stata, naturalmente, svolta, ovvero che il tema d'indagine non venga modificato, e che si tratti, dunque, di un mero aumento della stima economica (*petitum*) di un danno (o dei danni) già precisamente dedotto e descritto.

La giurisprudenza, in tal senso, **statuisce**, correttamente, **che la modifica meramente quantitativa**

(*petitum*) **della somma richiesta rappresenta una specificazione della domanda come tale possibile finanche nella precisazione delle conclusioni.**

Le due possibili forme di tutela, ovvero la richiesta di risarcimento in forma specifica, o la richiesta per equivalente, non rappresentano letteralmente il 'carattere' del diritto risarcitorio, difatti è sufficiente una richiesta del risarcimento del danno (o dei danni) affinché questo venga correttamente identificato come domanda, purché si ivi specifichi la tipologia del danno, difatti è 'irrilevante' l'indicazione precisa del *quantum*, potendo, questo, essere specificato, ed eventualmente modificato in aumento, nel corso della causa.

Ritengono, infatti, possibile una modificazione ampliativa del *petitum*, finanche in grado d'appello:

-ANDRIOLI, in *'Diritto processuale'*, cit., 323-, secondo cui: "*chi pretenda la dichiarazione (o la condanna al pagamento) di un debito di valore, non modifichi la domanda, se nel corso del giudizio ne chieda la trasformazione in una somma di denaro maggiore di quella inizialmente richiesta*";

-CHIOVENDA, in *'Istituzioni'*, cit., 327; CERINO CANOVA, in *'La domanda'*, cit., 144-, secondo cui: "*la domanda non è identificata dalla quantificazione originaria e, correlativamente, la situazione sostanziale è trasferita nel processo senza questo carattere";*

-MENCHINI, in *'I limiti'*, cit, 220, nota 49; in *'Il civilista'*, 2011, 1, 19; Cass. n.23838/2010-, secondo cui *"la diversa quantificazione o specificazione della pretesa, fermi i suoi fatti costitutivi, non comporta prospettazione di una nuova causa petendi in aggiunta a quella dedotta in primo grado e, pertanto, non dà luogo ad una domanda nuova";*

-Cass. n. 9266/2010-, secondo cui: *"la diversa quantificazione o specificazione della pretesa, fermi i fatti costitutivi, non comporta prospettazione di una nuova 'causa petendi' e, quindi, una 'mutatio libelli', integrando, invece, una mera 'emendatio libelli', come tale ammissibile sia nel corso del giudizio di primo grado che in grado di appello";*

-Cass. n. 17977/2007-, secondo cui la: *"la modifica, in sede di precisazione delle conclusioni, della somma domandata a titolo di risarcimento del danno non patrimoniale...non costituisce domanda nuova".*

*

IL RISARCIMENTO

NEL PROCESSO CIVILE

-*errori da evitare, e rimedi esperibili*-

(Guida Pratica)

Capitolo 5

Il '*ne bis in idem*'

La locuzione '*ne bis in idem'* esprime un principio del diritto in forza del quale un giudice non si può esprimere due volte sulla stessa azione se si è formata la cosa giudicata, in altre parole rappresenta il divieto di riproporre una domanda giudiziale su una questione che sia stata già giudicata con sentenza passata in giudicato.

Tuttavia poniamo il caso che successivi nuovi danni insorti dalla data in poi del deposito dell'originario atto di citazione, per negligenza e/o imperizia del nostro avvocato o per altre motivazioni (come nel caso di insorgenza di nuovi danni in corso di causa e/o successivi alla data dell'udienza per la precisazione delle conclusioni), non siano stati precisati e/o specificati (precisando e/o modificando gli elementi costitutivi sia che si tratti del *petitum* sia che si tratti della *causa petendi,* o

53

di entrambi) nella prima udienza di comparizione e trattazione (ex art. 183 co. 5 c.p.c.) e/o col deposito della Memoria ex art. 183 co. 6, n. 1, c.p.c., e/o con la tempestiva rimessione in termini (art. 153 co. 2 c.p.c.) e che, in conseguenza di ciò, ci si ritrovi ad avere un risarcimento esiguo nei riguardi della reale portata dei danni subiti (in quanto, appunto, non dedotti e/o non documentati a dovere nel corso del processo di I grado), e che, successivamente, anche nell'eventuale grado di appello, la reale portata ed entità dei danni patiti non venga similmente riconosciuta (talvolta, e per le motivazioni prima esposte, anche per un'erronea interpretazione giurisprudenziale da parte dei giudici) per via di quanto disposto dall'art. 345 c.p.c. (per cui non possono essere proposte domande nuove, e/o nuovi documenti o prove, nel giudizio di appello);

che fare in tale circostanza?

Ecco, nel presente capitolo, ci si addentrerà in quella che in alcuni casi è l'unica ragionevole possibilità per avere quanto di diritto, ovvero instaurare un nuovo processo di I grado.

Con le sentenze gemelle S.U. civ. del 16 febbraio 2017, n. 4090 e n. 4091, la Suprema Corte, muovendo altresì dai precedenti orientamenti espressi nella sentenza S.U. civ. n. 12310/2015 in materia di modificabilità della domanda ex art. 183 c.p.c., ha precisato e specificato il precedente assetto giurisprudenziale di Cass. civ. n. 23726/2007 e Cass. civ. n. 26961/2009 in tema di infrazionabilità del credito, avendo voluto fare chiarezza su alcune errate e non convincenti applicazioni del principio del divieto dell'abuso dello strumento processuale **statuendo che**:

"*...Come emerge con chiarezza dalla lettura delle sentenze suddette,* **quando le sezioni unite hanno discusso di (in)frazionabilità del credito si sono riferite sempre ad un singolo credito, non ad una pluralità di crediti facenti capo ad un unico rapporto complesso.**

Pertanto **solo una interpretazione dell'espressione <unico rapporto obbligatorio>,** *avulsa dal* **contesto** *nel quale essa è inserita,* **può indurre a ritenere che** *nella sentenza n. 23726 del 2007* **il principio di infrazionabilità sia stato espressamente affermato non (soltanto) in relazione ad un singolo credito, bensì (anche) in relazione ad una pluralità di crediti riferibili ad un unico rapporto di durata...*

La tesi secondo la quale più crediti distinti, ma relativi ad un medesimo rapporto di durata, debbono essere necessariamente azionati tutti nello stesso processo non trova, *infatti,* *conferma* *nella disciplina processuale,* *risultando* *piuttosto questa costruita intorno a una prospettiva affatto* *diversa*...

D'altro canto, l'elaborazione giurisprudenziale e dottrinaria **in tema di estensione oggettiva del giudicato** -*in relazione alla preclusione per le questioni rilevabili o deducibili*- **perderebbe gran parte di significato se dovesse ritenersi impronponibile qualunque azione per il recupero di un credito solo perché preceduta da altra**, *intesa al recupero di credito* **diverso e tuttavia riconducibile ad uno stesso rapporto di durata tra le medesime parti, a prescindere dal passaggio in giudicato della decisione sul primo credito** *o comunque dalla inscrivibilità della diversa pretesa creditoria successivamente azionata nel medesimo ambito oggettivo di un giudicato in fieri tra le stesse parti relativo al medesimo rapporto di durata.*

La mancanza di una specifica norma che autorizzi a ritenere comminabile la grave sanzione della impronponibilità della domanda per il creditore che abbia in precedenza agito per il recupero di diverso credito, sia pure riguardante lo stesso rapporto di durata, e, soprattutto, la presenza nell'ordinamento di numerose norme che autorizzano, *invece,* **l'ipotesi contraria, rafforzano la fondatezza ermeneutica della soluzione.**

Per altro verso, **una generale previsione di impronibilità della domanda relativa ad un credito dopo la proposizione da parte dello stesso creditore di domanda riguardante altro e diverso credito, ancorché relativo ad un unico rapporto complesso, risulterebbe ingiustamente gravatoria della posizione del creditore**, *il quale sarebbe costretto ad avanzare tutte le pretese creditorie derivanti da un medesimo rapporto in uno stesso processo...*

In ogni caso, **l'onere di agire contestualmente per crediti distinti, che potrebbero essere maturati in tempi diversi, avere diversa natura...essere basati su presupposti in fatto e in diritto diversi e soggetti a diversi regimi in tema di prescrizione o di onere probatorio, oggettivamente complica e ritarda di molto la possibilità di soddisfazione del creditore, traducendosi quasi sempre non in un alleggerimento bensì -in un allungamento dei tempi del processo, dovendo l'istruttoria svilupparsi contemporaneamente in relazione a numerosi fatti, ontologicamente diversi ed eventualmente tra loro distanti nel tempo...**

È infine il caso di evidenziare che **l'affermazione di un principio generale di necessaria azione congiunta per tutti i diversi crediti nascenti da un medesimo rapporto di durata,** *a pena di impronibilità delle domande proposte successivamente alla prima,* **sarebbe suscettibile di arrecare pregiudizievoli** *conseguenze per l'economia...*

La disciplina codicistica -relativa, tra l'altro, a connessione, domande accessorie, preclusione da giudicato-, sopra richiamata perché **idonea a testimoniare di un sistema che <contempla> -e perciò autorizza- l'ipotesi di diverse domande proposte in tempi e processi differenti con riguardo a crediti (diversi e tuttavia) riferibili ad un medesimo rapporto di durata...**

Non si tratta quindi di valutare <caso per caso> (in relazione al bilanciamento degli interessi di ricorrente e resistente) l'azionabilità separata dei diversi crediti, né tanto meno si tratta di accertare eventuali intenti emulativi o di indagare i comportamenti processuali del creditore agente sul versante psico-soggettivistico.

Quel che rileva è che il creditore abbia un interesse oggettivamente valutabile alla proposizione separata di azioni relative a crediti riferibili al medesimo rapporto di durata ed inscrivibili nel medesimo ambito oggettivo di un ipotizzabile giudicato, ovvero fondati sul medesimo fatto costitutivo ".

Come statuito dalle sentenze gemelle qui riportate (Cass. S.U. civ. n. 4090/2017 e n. 4091/2017), **un'errata interpretazione del dettame della Corte in esame** (Cass. civ. n. 23726/2007 e Cass. civ. n. 26961/2009), attesa l'inesistenza di una specifica norma che contempli la "*grave sanzione*" della improponibilità di domanda riguardante altro e diverso credito, ancorché relativo a un unico rapporto complesso, **finirebbe per avvantaggiare enormemente il debitore, e inevitabilmente a far gravare, ingiustamente, la posizione del creditore, il quale sarebbe costretto ad avanzare tutte le pretese creditorie, derivanti da un medesimo rapporto, in uno stesso processo**, trovandosi vincolato, anche nei casi di difficoltà oggettiva (come nella circostanza di molteplicità e ripetitività di nuovi crediti nascenti, nel tempo, dallo stesso rapporto di obbligazione), a dover dedurre, anche dopo l'introduzione del giudizio già cristallizzatosi con la previsione dell'ex art. 183 c.p.c., tempestivamente, sempre e comunque, ogni nuovo credito nascente, durante l'intero giudizio, **senza avere la possibilità, a fronte di una oggettiva propria necessità, nonché interesse, "*alla tutela processuale frazionata*".**

Il che non risponderebbe neanche all'interesse pubblico di evitare ogni tipo di allungamento dei tempi processuali, atteso che tale cumulo obbligatorio, in sostanza, complicherebbe la vicenda processuale e, di conseguenza, oggettivamente, ne ritarderebbe la definizione, con pregiudizievoli conseguenze per l'economia processuale.

La scissione del contenuto dell'obbligazione (che potrebbe essere operata dal creditore con la parcellizzazione delle domande dirette alla soddisfazione della pretesa creditoria) **non è per ciò solo qualificabile come abuso degli strumenti processuali**.

Occorrerà, tuttavia, **rilevare la sussistenza di un interesse o di una necessità**, oggettivamente, **valutabile alla tutela processuale frazionata, come nel caso di chi abbia subito un illecito permanente non istantaneo, ma in continua evoluzione, per tutto il tempo del precedente giudizio,** per cui questi, oggettivamente, si troverebbe nell'enorme difficoltà di dover allegare, e ogni volta, il nuovo aggravamento con relativa richiesta di rimessione in termini (art. 153 co. 2 c.p.c.), cosa, questa, che, in alcuni casi (specie nella circostanza di ripetuti insorgenti nuovi danni o nuovi crediti) aggraverebbe e allungherebbe l'economia processuale e non la renderebbe per nulla più agevolata, in quanto con le eventuali ripetute rimessioni in termini, ad ogni nuovo danno venuto all'esistenza, il processo dovrebbe precipitare ogni volta in una nuova fase istruttoria e sarebbe, dunque, infinito.

L'ordinamento processuale ammette i procedimenti distinti per crediti diversi ma, di contro, ove possibile, ne predilige la trattazione unitaria al fine di evitare una duplicazione dell'attività istruttoria e decisoria, evitando anche il rischio di contrasto tra giudicati, nonché per assicurare una ragionevole durata del processo e il minimo utilizzo del ricorso alla giustizia.

La Cassazione qui in esame si sofferma, in particolare, sull'interpretazione esatta da dare all'espressione '*unico rapporto obbligatorio*', precisando che la stessa vada riferita al singolo credito da esso nascente e che va adempiuto nella sua interezza durante il processo.

Dunque, nulla, a giudizio della Suprema Corte, porta a ritenere che la stessa attenga a una pluralità di crediti facenti capo ad un unico rapporto obbligatorio complesso, tra l'altro aventi origine in tempi e modalità differenti nell'ambito dell'unico rapporto obbligatorio complesso instauratosi con l'evento originario.

In altri termini, **va escluso che il principio di**

infrazionabilità sia stato affermato anche riguardo a una pluralità di crediti riferibili ad un unico rapporto di obbligazione.

L'onere di agire contestualmente, e in un unico processo, per crediti distinti -i quali, tra l'altro, potrebbero avere diversa natura, essere fondati su presupposti in fatto ed in diritto non perfettamente sovrapponibili, ovvero essere soggetti a regimi differenti (in termini di prova, di prescrizione, ecc.)- potrebbe, infine, ritardare di molto il riconoscimento risarcitorio al creditore, traducendosi, dunque, non in un alleggerimento processuale bensì in un allungamento.

Da ciò consegue, **secondo le Sezioni Unite, l'insussistenza di qualsivoglia necessità giuridica che si agisca in unico processo per diritti di credito distinti e autonomi, anche se riferibili ad un medesimo rapporto complesso pendente tra le stesse parti.**

Decisiva è, infatti, **la ritenuta ricorrenza di un qualificato interesse giuridico tale da giustificare questa modalità di proposizione delle domande,** infatti ribadisce che il principio di interesse ad agire va esteso **sino a ricomprendervi il concetto di meritevolezza.**

Non è, dunque, sufficiente il fatto che con un nuovo giudizio la parte possa essere in grado di raggiungere un risultato a sé favorevole, ma occorre anche che tale interesse ad agire di nuovo (considerate anche le modalità con le quali tale interesse è perseguito) sia meritevole di tutela.

La circostanza, infatti, che la nuova domanda riguardi il medesimo rapporto di obbligazione non deve comportare la conseguenza della non più deducibilità della stessa in ragione del formarsi del giudicato di accoglimento della prima domanda, in quanto **il giudicato formatosi tra le stesse parti, in altro processo, riguarda solo il** *petitum* **e la** *causa petendi* **fatti valere in quella causa.**

Così come l'accertamento contenuto in un eventuale giudicato negativo non preclude l'azionabilità di un diverso credito pur attinente al medesimo rapporto di obbligazione, a meno che la sussistenza dello stesso non sia stato escluso esplicitamente o implicitamente, ricorrendo in tal caso un'ipotesi di pregiudizialità logica.

Nella circostanza di un positivo giudicato sostanziale sull'originario rapporto complesso di obbligazione, e solo di un giudicato in rito sulle successive

63

conseguenze lesive ad esso connesse e da esso dipendenti, **vi è certezza che la pretesa successiva in un altro e diverso giudizio sia**, appunto, **meritevole di tutela, oltre che necessaria e dovuta ad un illecito permanente evolutosi nel tempo**; caso in cui un giudicato contrastante non può assolutamente venirsi a creare (in quanto non viene messa, minimamente, in discussione la statuizione coperta dal giudicato sostanziale sulla responsabilità accertata per la parte in relazione all'evento dannoso originario), e in cui la buona fede e la correttezza non possono essere messi in discussione, perché nulla, in merito, può essere stato né pianificato, né voluto, in quanto, com'è oltremodo evidente, al momento del deposito dell'originario atto introduttivo del precedente giudizio, tali successive conseguenze lesive non si erano ancora verificate (oltre al fatto che il creditore stesso ne ha avuto danno nell'essere stato ripetutamente in perfetto svantaggio nei confronti del debitore, in quanto l'illecito permanente, in continua evoluzione, ha fatto si che le conseguenze lesive fossero difficilmente deducibili, tempestivamente, nel primo giudizio).

Solo se, per l'appunto, **al contrario, tali successive conseguenze lesive fossero state già presenti al momento del deposito dell'atto di citazione, con la conseguente ivi**

conoscenza dell'attore, si potrebbe discutere di eventuale infrazionabilità.

La Suprema Corte **osserva**, infine, **che**, nella fattispecie in esame, **non si tratta di valutare l'esperibilità di un nuovo distinto processo in virtù di un bilanciamento tra i contrastanti interessi delle parti**, né **si tratta di accertare e/o di indagare**, sotto il profilo psicologico, **eventuali comportamenti o intenti emulativi del creditore** -attore-, **si tratta**, invece, **solo di appurare** se *"il creditore abbia un interesse oggettivamente valutabile alla proposizione separata di azioni relative a crediti riferibili al medesimo rapporto di durata"*.

L'orientamento, dunque, come, in precedenza, espresso da Cass. civ. n. 23726/2007 e Cass. civ. n. 26961/2009, e ora decisamente superato dalla precisazione statuita dalle summenzionate sentenze gemelle S.U. civ. n. 4090 e n. 4091 del 2017, non dev'essere distorto per giustificare e limitare, in linea generale, la portata e l'entità del risarcimento da parte dei soggetti a ciò tenuti, in quanto ben si comprenderà come se, da un lato, pare sicuramente tutelabile l'interesse della parte debitrice a non vedersi nuovamente chiamata in giudizio dal danneggiato,

dall'altro lato, vi è il diritto della parte creditrice ad avere una tutela, della propria posizione, esaustiva ed effettiva.

Tra l'altro, **l'ordinamento prevede, quali uniche fattispecie estintive del diritto risarcitorio, la prescrizione e la decadenza, oltre**, ovviamente, **all'adempimento.**

Le precedenti summenzionate pronunce, laddove prevedono l'improcedibilità del nuovo giudizio, lasciano completamente e definitivamente scoperta di tutela una posta di danno legittima in capo alla parte creditrice, introducendo così -erroneamente- un'ulteriore ipotesi di estinzione del diritto non espressamente prevista dall'ordinamento.

E', dunque, pienamente condivisibile, al fine di garantire la tutela sostanziale del diritto risarcitorio, quell'orientamento della Suprema Corte (ormai quasi unanime in diritto e in giurisprudenza) il quale, in caso di proposizione di plurime domande risarcitorie, statuisce che **le uniche conseguenze sanzionatorie possano esserci solo sul piano delle spese processuali, dovendo essere sempre fatto salvo il principio della tutela sostanziale del diritto**.

In tal senso, Cass. civ. 10634/2010: *"al riscontrato abuso non può tuttavia conseguire la sanzione della inammissibilità della domanda, posto che non è l'accesso in sé allo strumento processuale che è illegittimo, bensì le modalità con cui è avvenuto...".*

Conseguentemente **la seconda causa giudiziale non è da considerarsi inammissibile, ma valutabile nel merito, con facoltà del giudice,** nell'ambito dei poteri riconosciutigli dall'**art. 91 c.p.c.** di eliminare, per quanto possibile, gli effetti distorsivi dell'abuso sul piano delle spese *"valutando le spese come se unico fosse stato il processo sin dall'origine"*;

Cass. S.U. civ. n. 9962/2011: *"Ed, allora, **la soluzione più razionale non è negare l'accesso alla tutela giurisdizionale, ma rimuovere gli effetti distorsivi ed illeciti che ha scaturito l'abuso.** Nel caso di specie, pertanto, **vanno rimossi solo gli effetti distorsivi che l'abuso ha provocato"**.*

Cass. civ. n. 10488/2011: *"**Dal riscontrato abuso dello strumento processuale non può tuttavia conseguire la sanzione dell'inammissibilità dei ricorsi, posto che non è l'accesso in sé allo strumento che è illegittimo, ma le modalità con cui è avvenuto,** ma l'eliminazione per quanto possibile degli effetti distorsivi dell'abuso e quindi, nella fattispecie, **la*** *valutazione dell'onere delle spese come se unico fosse stato il procedimento sin dall'origine"* (anche Cass. civ. n. 20834/2017).

Sentenza ulteriormente chiarificatrice, di quanto qui in esame, è quella del Tribunale di Varese sezione I civ., 02-09-2010:

*"...nella sentenza già citata, n. 10634/2010, la Suprema Corte ha infatti affermato: <al riscontrato abuso non può tuttavia conseguire la sanzione della inammissibilità della domanda, posto che non è l'accesso in sé allo strumento processuale che è illegittimo, bensì le modalità con cui è avvenuto> cosicché l'esercizio deviato della situazione giuridica soggettiva o del processo impone al giudice di eliminare <per quanto possibile gli effetti distorsivi dell'abuso> ad esempio <**valutando le spese come se unico fosse stato il procedimento fin dall'origine**>.*

*Reputa questo giudice che debba essere condiviso l'ultimo orientamento citato, con una interpretazione che segue la direttrice ermeneutica di recente confermata da Cass. civ. Sez. Unite...n. 9962...in linea con la regola generale che ormai decisamente connota le decisioni della Suprema Corte in materia processuale, **deve affermarsi che le norme di rito debbono essere interpretate in modo razionale in correlazione con il principio costituzionale del giusto processo** (articolo 111 Cost.),* *in guisa da rapportare gli oneri di ogni parte alla tutela degli interessi della controparte.*

*Ed, allora, **la soluzione più razionale non è negare l'accesso alla tutela giurisdizionale, ma rimuovere gli effetti distorsivi ed illeciti che ha scaturito l'abuso.***

Nel caso di specie, pertanto, vanno rimossi solo gli effetti distorsivi che l'abuso ha provocato...

*In linea con la giurisprudenza più recente, tenuto conto della condotta scorretta della creditrice, nei sensi esposti, **l'ingiunzione va emessa ed il ricorso accolto ma con l'integrale rigetto della richiesta di pagamento delle spese processuali,** che dovranno essere sostenute integralmente e direttamente dalla D. s.r.l., tenuto conto degli elementi di cui si è detto e dei Principi qui recepiti. **Ulteriori effetti distorsivi travolgono le spese notarili e gli interessi.***

Se la richiesta fosse stata fatta -come la creditrice doveva- in un'unica soluzione e con un unica istanza, le spese notarili dell'autentica non sarebbero state duplici (qui raddoppiate) e del pari gli interessi non avrebbero avuto decorrenza sino all'attualità, essendo stata offerta alla debitrice facoltà di pagare.

La sanzione dell'abuso è, dunque, che può essere riconosciuto il solo credito, con interessi legali di mora ex art. 4 e 5 d.lgs 231/2002 solo dalla notifica della ingiunzione di pagamento".

Non inficia tale orientamento la nota pronuncia a S.U civ. n. 26972/2008, in quanto verte su una materia differente e, specificatamente, sull'evitare la moltiplicazione indiscriminata delle voci di danno non patrimoniale conseguenti da un illecito. limitandosi a statuire che nel danno biologico è già ricompreso il danno morale, mentre riconosce comunque la facoltà per la parte creditrice di dedurre e provare la sussistenza di ulteriori e differenti danni.

Pertanto, l'unico eventuale effetto distorsivo, ovvero l'unico 'danno' che la parte debitrice, eventualmente, subirebbe da un successivo ulteriore riconoscimento del risarcimento all'attore per i nuovi danni, non ritualmente introdotti nel primo giudizio, sarebbero le spese di difesa relative al nuovo giudizio (rappresentabili, eventualmente, come spese in più), in vista di un danno cagionato che avrebbe comunque, in ogni caso, dovuto risarcire, a fronte, appunto, di un 'danno', a carico dell'attore, infinitamente maggiore, nel caso non fosse risarcito per i predetti nuovi danni, per cui ben sarebbe, ragionevolmente, accettabile, come statuito dalle sopra citate sentenze della S.C., che all'attore -ove se ne intraveda la necessità- si commisurasse la sanzione di cui all'art. 91 c.p.c., ma non *"la sanzione della inammissibilità della domanda, posto che non è l'accesso in sé allo strumento processuale che è illegittimo, bensì le modalità con cui è avvenuto"*.

Non può il diritto risarcitorio attoreo (il quale ha subito ulteriori, ed eventualmente anche gravi, danni negli anni), il quale è oggettivamente meritevole di tutela, essere inferiore, non già al diritto di difesa di controparte, nel nuovo giudizio sempre e comunque pienamente attuabile, ma ad un unico ed irrilevante effetto distorsivo dell'abuso che ai fatti si attua solo sul piano delle spese, il quale può del tutto essere rimosso, ovvero sanzionando, nel caso se ne ravvisino i presupposti, l'attore stesso, secondo le modalità di cui all'ex art. 91 c.p.c.

Urge precisare anche che **la sentenza di rito, o le pronunce di rito nelle sentenze di merito, non producono effetti al di fuori del processo in cui sono stati emessi,** per cui **la pronuncia di rito in una sentenza passata in giudicato formale non produce effetti di** *giudicato sostanziale* **in un successivo processo instaurato tra le stesse parti e sullo stesso oggetto.**

Infatti la circostanza che dette pronunce assumano la veste della sentenza non ha valore di per sé decisivo, essendo del tutto privi di ogni efficacia esterna tale da poter '*fare stato*' al di fuori del processo in cui essi si sono formati, giacché risolvono questioni riguardanti il singolo processo.

Tribunale civ. Torino, 25-10-2016, giudice, dott. Latella: "***La pronuncia che respinge la domanda perché inammissibile*** (*o improponibile o improcedibile*), ***benché idonea al giudicato formale, non ha efficacia vincolante al di fuori del processo in cui è stata emessa***".

Sentenza n. 732/2009, G.d.P., dott. D'Angelo, Castellammare di Stabia: "...***Difatti va rigettata l'eccezione del convenuto relativa all'improcedibilità della domanda per violazione del principio ne bis in idem, poiché come agevolmente si evince*** *dalla Sent. n. 4487 del G.d.P. di Castellammare di Stabia (NA),* ***la stessa fu pronunciata in via del tutto preliminare e senza che il giudicante disponesse nel merito***...".

Sentenza n. 7557/2009, G.d.P., Pozzuoli, dott. Bruno: "...***Anche l'eccezione del ne bis in idem non può essere accolta***. *La sentenza emessa da questo stesso Giudice che ha* dichiarato l'inammissibilità della domanda presentata dall'odierno attore nei confronti della medesima Compagnia di assicurazione...ha rilevato il difetto di un presupposto processuale, ha concluso il processo e non ha spiegato effetti sul rapporto giuridico controverso.

Quindi, detta sentenza, non è suscettiva di cosa giudicata in senso sostanziale se non al limitato effetto della preclusione di quella questione decisa e con efficacia limitata a quel processo e non impedisce la proposizione della medesima questione in un successivo giudizio.

La giurisprudenza della Cassazione è conforme nello statuire che: **la pronuncia di inammissibilità della domanda per vizio della sua introduzione senza alcun esame della pretesa dedotta in giudizio, non equivale ad una sentenza di rigetto nel merito, e pertanto non impedisce la riproposizione della stessa domanda con un successivo rituale atto introduttivo di un nuovo giudizio (Cass. Sez.2..n.13785 del 22/7/04)...**".

Cons. di Stato, n. 1770/2017: *"Neppure persuade l'ulteriore eccezione, concernente una presunta fattispecie di ne bis in idem. Come ex adverso correttamente osservato, quello che ha dato luogo alla sentenza ora censurata non è stato giudizio perfettamente identico (in quanto ha avuto ad oggetto anche capi di domanda non proposti in quello anteriore) rispetto al precedente, quest'ultimo peraltro altresì reso complessivamente invalido per effetto di quel vizio commesso nella sua fase di introduzione di cui sopra s'è detto".*

Cons. di Stato, n. 682/2017: *"Il motivo è infondato, emergendo da una piana lettura della decisione in questione che la stessa, pur riformando la precedente sentenza di annullamento dell'autorizzazione paesaggistica, **lo ha fatto per ragioni di mero rito**, e cioè per la ritenuta tardività dell'impugnazione di primo grado; **pertanto, detta decisione non è ontologicamente in grado di far stato in ordine ad alcuna circostanza di fatto**...".*

Corte dei Conti n. 72432/1988: ***"le sentenze che dichiarano l'irricevibilità, in rito**, di un ricorso perché proposto oltre il termine di decadenza, **non acquistano alcuna autorità di giudicato sostanziale ex art. 2909 c. c.".***

Cass. civ. n. 4768/2018: ***"La pronuncia meramente impediente in rito l'esame del merito non costituisce giudicato di rigetto sulla domanda proposta".***

Cass. civ. n. 26377/2014: *"**Il giudicato su questione processuale**, e tale è una questione che abbia investito esclusivamente l'esistenza o meno di una condizione di proponibilità della domanda, **è tale solo all'interno dello stesso processo e non estende la sua autorità anche ad un nuovo ed*** *autonomo processo...*

In tal ambito tuttavia mentre le decisioni su questioni di merito, anche di carattere preliminare, spiegano i loro effetti anche al di fuori del processo e sono vincolanti in tutti i giudizi futuri, **le decisioni su questioni processuali, sono suscettibili di formazione del giudicato soltanto nello ambito dello stesso processo (cosiddetto giudicato formale), e non impediscono la proposizione delle medesime questioni in un successivo e diverso giudizio...**

Né **tanto meno la decisione su una questione di proponibilità della domanda impedisce la riproposizione della domanda di merito in un diverso e autonomo giudizio...***ma ha proposto un autonomo secondo giudizio riproponendo la domanda di merito (avente ad oggetto il risarcimento dei danni da incidente stradale), non impedita dal giudicato processuale di improponibilità della domanda attinente esclusivamente al primo giudizio ed all'interno del quale la questione preliminare di proponibilità della domanda non è stata riproposta perché nel frattempo la condizione di proponibilità si è verificata...*

La statuizione su una questione di rito...dando luogo soltanto al giudicato formale, ha effetto limitato al rapporto processuale nel cui ambito è emanata e, non essendo idonea a produrre gli effetti del giudicato in senso sostanziale, non

preclude la riproposizione della domanda in altro giudizio".

Cass. civ. n. 13815/2000: "*La sentenza con la quale sia stata dichiarata l'estinzione di un diritto fatto valere in giudizio per decorrenza del termine prescrizionale non presuppone necessariamente l'accertamento implicito -idoneo al giudicato- in ordine la sussistenza del diritto ed alla individuazione dei soggetti del relativo rapporto obbligatorio*".

Il principio del '*dedotto e il deducibile*' attiene unicamente alla stabilità degli effetti della statuizione della sentenza e non al suo contenuto generale, nel senso che il vincolo del giudicato sostanziale esclude che si possano far valere nuove deduzioni e/o nuove prove per rimettere in discussione la statuizione contenuta nella sentenza, ovvero l'accertamento della responsabilità della parte debitrice per l'evento dannoso originario, perché l'efficacia del giudicato sostanziale si estende oltre a quanto dedotto dalle parti -*giudicato esplicito*- anche a quanto non dedotto dalle parti -*giudicato implicito*- per il quale è precluso alle parti stesse la proposizione, in un altro giudizio, di una qualsivoglia domanda, deduzione o prova avente ad oggetto situazioni soggettive incompatibili con il diritto accertato, in quanto l'accertamento è ormai incontrovertibile.

Un esempio di violazione di detto principio, come pure del '*ne bis in idem*' può essere:

-**da parte debitrice**: l'instaurare un nuovo giudizio, a causa di nuove deduzioni e/o prove non introdotte prima ('*il dedotto e il deducibile*'), per mettere in discussione la statuizione di merito, con giudicato sostanziale, riguardo all'accertata propria responsabilità nell'evento dannoso originario, in quanto tali eventuali nuove deduzioni e/o prove ('*giudicato implicito*'), che potrebbero smontare e/o semplicemente rimettere in discussione la precedente statuizione, avrebbe dovuto dedurle durante il precedente giudizio;

-**da parte dell'attore**: l'instaurare un nuovo giudizio, a causa di nuove deduzioni e/o prove non introdotte prima ('*il dedotto e il deducibile*'), per mettere in discussione la statuizione di merito, con giudicato sostanziale, riguardo a ipotesi di accertata *non* responsabilità della parte debitrice nell'evento dannoso originario, in quanto tali eventuali nuove deduzioni e/o prove ('*giudicato implicito*'), che potrebbero smontare e/o semplicemente rimettere in discussione la precedente statuizione, avrebbe dovuto dedurle durante il precedente giudizio.

Cass. civ. n. 8583/2000: *"**L'efficacia preclusiva del giudicato, operando nei limiti dell'accertamento che ha formato oggetto di un determinato giudizio, non si estende ad altri accertamenti della stessa natura riguardanti diversi periodi di tempo**"*.

Cass. civ. n. 8029/2014: *"...**il giudicato sulla domanda risarcitoria non si estende ai danni verificatisi in epoca successiva** a causa del protrarsi della sottrazione del possesso"*.

Cass. civ. n. 499/2009: *"**In effetti la preclusione da giudicato opera solo nelle ipotesi di identità oggettiva e soggettiva, e deve pertanto escludersi nell'ipotesi in cui vi sia un mutamento anche parziale di tali elementi.** Sulla base di tale premessa in passato questa Corte ha escluso sic et simpliciter il giudicato in relazione a periodi contributivi diversi..."*.

Cass. civ. n. 7487/2000: *"...la Corte premette che la pronuncia giurisdizionale di condanna o di assoluzione del convenuto a un fare oppure a un dare...produce, di norma, i suoi effetti per le prestazioni anteriori al periodo di presentazione della domanda e non per quelle relative al periodo successivo, pur non potendosi escludere che, in conformità della domanda proposta dalla parte e quando ciò sia ammesso dall'ordinamento, possa statuire in relazione a fatti ritualmente introdotti nel processo e concernenti lo svolgimento dei rapporti fino alla data della pronunzia...".*

Al contrario, **l'eventuale nuova domanda dell'attore, in un nuovo giudizio, che non metta minimamente in discussione la statuizione, a lui favorevole, del giudicato formale e sostanziale** -in quanto riconosce totalmente e precisamente la responsabilità di parte debitrice nell'evento dannoso originario- **e che si fondi proprio sul presupposto dell'irrevocabilità di questa stessa statuizione per lui positiva, e questa nuova domanda risarcitoria** (*'causa petendi e petitum'*) **non sia identica alla prima identificata nell'atto introduttivo del giudizio trascorso** (per cui senza alcuna e minima violazione del '*ne bis in idem'*), **sarà <u>certamente ammissibile</u>**, in quanto il nuovo accertamento richiesto e il relativo *petitum* domandato sarebbero unicamente attinenti, non all'evento dannoso originario, già accertato e risarcito, ma agli ulteriori nuovi danni ad esso collegati, e da esso dipendenti, subiti come aggravamento/peggioramento dell'originaria lesione permanente.

Cass. civ. n. 4241/2013: *"La sentenza passata in*

giudicato, anche quando non possa avere l'effetto vincolante di cui all'art. 2909 cod. civ., può avere comunque l'efficacia riflessa di prova o di elemento di prova documentale in ordine alla situazione giuridica che abbia formato oggetto dell'accertamento giudiziale e tale efficacia indiretta può essere invocata da chiunque vi abbia interesse...".

Se le passate sentenze non entrano nel '*merito*' dell'accertamento dei nuovi danni insorti durante il precedente giudizio, ovvero se tali siano effettivamente riconducibili o meno all'originaria lesione accertata, ma, eventualmente, vi entrino solo su questioni di '*rito*', la nuova domanda dovrà essere certamente ammissibile, tanto più che la parte debitrice, nel principio del corretto contraddittorio, potrà sempre ampiamente contestare la non riconducibilità dei nuovi danni richiesti all'evento originario coperto dal giudicato sostanziale, in quanto alcun accertamento di merito vi è, in precedenza, stato su di essi (e ciò anche se, eventualmente, ve ne fosse stato uno di tipo tecnico da parte del CTU).

Cass. civ. n. 14057/2008: *"In tema di limiti oggettivi del giudicato esterno,* **la res iudicata è costituita non dai fatti tutti dedotti nel giudizio, bensì soltanto da quelli che, oltre ad** *essere accertati nella sentenza, compongano, nel loro insieme, la base logico e giuridica del decisum restandone di conseguenza escluse le ulteriori pretese creditorie originariamente accantonate dall'attore...e poste a base di una domanda nuova di primo grado o con l'atto di appello, ma sulle quali il giudice abbia dichiarato di non pronunciare sussistendo una preclusione di carattere processuale, sicché dette pretese possono essere azionate in separato giudizio senza che sia configurabile una preclusione nascente dal primo giudicato".*

Si tenga, tuttavia, presente che il *giudicato sostanziale* non può dirsi formatosi nemmeno su un'eventuale richiesta di risarcimento di uno specifico danno a sé (mentre sulle ragioni in fatto si), se per mero errore, nelle sentenze passate, il giudice non abbia svolto alcuna pronuncia in merito e neppure motivandola, e ciò rende possibile riproporre in un nuovo giudizio la richiesta di detto danno, senza incorrere nella violazione del *ne bis in idem.*

Infatti l'oggetto del giudicato corrisponde all'oggetto del processo, ossia la questione circa l'esistenza o l'inesistenza del diritto soggettivo fatto valere e non si estende anche alle singole questioni di fatto o di diritto.

Cass. civ. n. 5264/2015: *"**Il giudicato non si forma, nemmeno implicitamente, sugli aspetti del rapporto che non hanno costituito oggetto di specifica disamina e valutazione da parte del giudice,** cioè di un accertamento effettivo, specifico e concreto...".*

Cass. civ. n. 25546/2014: *"Ne consegue che il giudicato non si estende al principio di diritto affermato in una diversa controversia, quantunque in forza di asseriti medesimi presupposti di fatto, ove siano investite singole questioni di fatto o di diritto".*

Cass. civ. n. 14087/2007: *"...in difetto di tale presupposto, nulla rileva la circostanza che la seconda lite richieda accertamenti di fatto già compiuti nel corso della prima, in quanto l'efficacia oggettiva del giudicato non può investire singole questioni di fatto o di diritto".*

Cass. civ. n. 3434/2011: *"...mentre è da escludere il giudicato sul punto di fatto, ossia sul puro e semplice accertamento dei fatti storici contenuto nella motivazione e compiuto dal giudice esclusivamente per pronunciare sulla situazione di vantaggio dedotta in giudizio".*

La domanda successiva potrà essere decisa sia nel caso in cui l'unico elemento differenziale, tra il primo e il secondo oggetto dell'accertamento, consiste nello spazio-tempo preso in esame sia, a maggior ragione, laddove, oltre al profilo temporale, anche la situazione di fatto sia in concreto mutata.

Nel nostro ordinamento processuale -governato dal principio della domanda e da quello della corrispondenza tra il chiesto ed il pronunciato- l'oggetto della decisione è rappresentato dall'oggetto della domanda, sicché sussiste una corrispondenza esatta tra oggetto della domanda e quello della pronuncia del giudice.

Cass. civ. n. 10252/2002: *"...Per orientamenti consolidati di questa Corte...l'autorità del giudicato sostanziale opera solo entro i rigorosi limiti degli elementi costitutivi dell'azione"*.

Cass. civ. n. 1815/2012*: "L'autorità del giudicato è circoscritta oggettivamente in conformità alla funzione della pronunzia giudiziale, diretta a dirimere la lite nei limiti delle domande proposte, sicché ogni affermazione eccedente la necessità logico giuridica della decisione deve considerarsi un <obiter dictum>, come tale non vincolante"* (anche Cass. civ. n. 9775/97).

Inoltre la sentenza di condanna della parte debitrice,

consolidata per quanto riguarda la propria responsabilità per l'evento dannoso originario, sarebbe anche, almeno parzialmente, '*inutiliter data*' nella parte relativa all'accertamento e alla quantificazione di solo un parte del danno cagionato, per cui sulla questione dei nuovi e successivi danni conseguenti, la sentenza, anche per questo motivo, è insuscettibile di passare in giudicato sostanziale.

A titolo di esempio:

*1° Giudizio -*passato in giudicato formale*-: l'*attore* **ha citato** *parte debitrice* per:

1-Soggetti: attore e *parte debitrice*.

2-Causa petendi -A-: accertamento responsabilità della *parte debitrice* nella causazione dell'evento dannoso originario.

3-Petitum -B-: richiesta di risarcimento pecuniario relativamente al danno originario (o ai danni originari).

2-Causa petendi -AA-: accertamento effettuato, nel merito, di responsabilità di *parte debitrice* per l'evento dannoso originario -*giudicato sostanziale*-.

3-Petitum -BB-: accertamento effettuato, nel merito,

del danno originario cagionato da *parte debitrice*, e conseguente condanna al risarcimento pecuniario del danno -*giudicato sostanziale*-;

AA + BB: *limite soggettivo, oggettivo e temporale* fissato all'evento specifico originario*;*

-*funzione positiva* per l'*attore*;

-*funzione negativa* per *parte debitrice;*

-*dedotto e deducibile* ("*giudicato esplicito e implicito*") relativamente alle ragioni dell'accertamento per l'evento dannoso originario ormai incontrovertibile.

Eventualmente, può esservi stata, contestuale, pronuncia, non nel merito, ma solo su pregiudiziale di rito di inammissibilità (ad es. per tardività dovuta alle preclusioni processuali) per l'aggravamento/peggioramento avvenuto dopo l'atto introduttivo del giudizio -*giudicato di rito con efficacia meramente interna o endoprocessuale*-.

*2° Giudizio: l'*attore* **cita nuovamente *parte debitrice*** per i nuovi danni insorti durante il precedente processo civile e/o anche dopo:

-Con il nuovo giudizio l'*attore* cita nuovamente

parte debitrice (*1-Soggetti* identici), in vista dell'accertata responsabilità in capo alla *parte debitrice* (per via del giudicato sostanziale), per i nuovi danni insorti dopo l'evento lesivo originario (*2-Causa Petendi* e *3-Petitum* diversi sia per oggetto sia per spazio temporale).

1-Soggetti identici: *attore* e *parte debitrice*.

2-Causa petendi -*C*- **diversa**: accertamento responsabilità di *parte debitrice* per i nuovi danni subiti dall'attore dopo l'evento dannoso originario;

3-Petitum -*D*- **diverso**: richiesta di risarcimento pecuniario relativo ai nuovi danni patiti dopo l'evento dannoso originario.

Dunque, sul presupposto del giudicato formale e sostanziale:

2-Causa petendi -*AA*-: accertamento già effettuato, nel merito, di responsabilità di *parte debitrice*, per l'evento dannoso originario -*giudicato sostanziale*-;

3-Petitum -*BB*-: accertamento già effettuato, nel merito, del danno originario cagionato da *parte debitrice*, e conseguente condanna al risarcimento del danno originario

-*giudicato sostanziale.*

l'attore chiede il riconoscimento di:

2-*Causa petendi* -*C*-: responsabilità della *parte debitrice* per i nuovi danni subiti a seguito dell'accertamento già effettuato di cui al precedente punto *AA* e *BB*;

3-*Petitum* -*D*-: risarcimento relativamente ai nuovi danni subiti a seguito dell'accertamento già effettuato di cui al precedente punto *AA* e *BB*.

C + *D*: -*causa petendi e petitum*- diversi;

-*limite oggettivo e temporale* diversi;

-*funzione positiva* per *attore*, in quanto è vincolante nel nuovo giudizio;

-*funzione negativa* per la *parte debitrice*, la quale non può contestare il giudicato sostanziale ad essa sfavorevole;

-*dedotto e deducibile* ('*giudicato esplicito e implicito*') non attinente al limite oggettivo e temporale nel nuovo giudizio in oggetto.

Nel nuovo giudizio la *2-Causa Petendi* e il *3-Petitum* sono diversi dal I processo, l'unico elemento identico sono i *1-Soggetti*, per cui la nuova domanda sarà solo legata da un nesso di pregiudizialità/dipendenza a quella su cui già sussiste il giudicato formale e sostanziale.

Il *giudicato sostanziale* si è svolto solo sui punti *A* e *B*, mentre sui punti *C* e *D* si sarà svolta nel primo processo, eventualmente, solo una pronuncia di rito di inammissibilità, con efficacia meramente interna, ovvero endo-processuale.

Per cui il nuovo giudizio non verterebbe minimamente sull'accertamento dei punti *A* e *B*, i quali sono oggetto di giudicato sostanziale incontrovertibile, e a fronte dei quali ci si troverebbe a violare il *ne bis in idem,* ma dei punti *C* e *D,* per l'accertamento dei quali i punti già accertati *AA* e *BB* fanno stato tra le parti.

*

Conclusioni

Le deduzioni, nella presente, esposte al Capitolo 3, sono le stesse dal sottoscritto redatte, in collaborazione con il mio legale difensore, per far valere le mie ragioni in un giudizio di appello, nel quale, a fronte di un atto di citazione (di primo grado) povero degli elementi costitutivi e sostanziali in ordine alla completezza della richiesta di tutti i danni subiti e subendi, si è ampiamente e precisamente fatto emergere la rilevanza del contenuto della Memoria ex art. 183 co. 6, n. 1, c.p.c, completamente trascurata dal giudice di prime cure.

Il giudizio di secondo grado è stato, dal sottoscritto, vinto e l'ostacolo della modificabilità o meno del *petitum* (nella Memoria ex art. 183 co. 6, n. 1, c.p.c.) è stato superato da i tre giudici (di II grado), i quali, con diligenza, hanno saputo ben cogliere il dettame giurisprudenziale qui esposto e articolato.

Similmente le deduzioni, nella presente, esposte al Capitolo 4, sono le stesse redatte dal sottoscritto, sempre in collaborazione con il mio avvocato, per instaurare un secondo giudizio (in teoria dalle premesse sfavorevoli per via dell'avversa contestazione di una violazione del '*ne bis in idem*'), e vertente in circostanze identiche a quanto qui articolate e dedotte.

Anche questa nuova causa civile è stata, dal sottoscritto, vinta e l'ostacolo del '*ne bis in idem*' è stato superato da un diligente giudice che ha saputo cogliere il dettame giurisprudenziale qui esposto e articolato.

Per cui le considerazioni finali che ritengo si possano svolgere sono due:

-l'atto di citazione, da parte dell'avvocato, va formulato con la massima diligenza e precisione, e solo dopo aver molto attentamente studiato i documenti (e non solo) riguardanti le ragioni del contendere, del proprio cliente, in relazione al *petitum* e alla *causa petendi.*

-Ove ci accorgiamo che il nostro avvocato, nell'atto di citazione, sia stato poco preciso su qualcosa (può, infatti, capitare anche ai più diligenti), finanche omettendo importanti elementi deduttivi relativi al *petitum* e/o alla *causa petendi,* bisogna non farsi, minimamente, sfuggire l'occasione successiva della prima udienza di comparizione e trattazione ex art. 183 co. 5 c.p.c. (o al massimo del deposito della Memoria ex art. 183 co. 6, n. 1, c.p.c.), nella quale andranno, sapientemente, 'precisati e modificati' sia i fatti, in precedenza, non meglio precisati sia i fatti, nel frattempo, eventualmente, emersi, non dimenticandosi di ivi argomentare, a supporto, nella successiva prima Memoria ex art. 183 co. 6 c.p.c., seppur sinteticamente, in ordine alla giurisprudenza sulla 'modificabilità' in relazione all'ex art. 183 co. 5, e co. 6 n. 1, del c.p.c., in quanto tale giurisprudenza, relativamente di recente 'acquisizione', non è ancora del tutto correttamente, e ampiamente, conosciuta e/o applicata da molti giudici.

-Qualora l'oggetto della causa civile, in qualità di *attore,* consista in un diritto risarcitorio derivante da fatto illecito permanente e in corso di causa, dopo il termine preclusivo di cui all'ex art. 183 co. 6, n. 1, c.p.c., insorgessero nuovi danni e/o peggiorassero quelli originariamente esistenti e già dedotti sarà possibile introdurli nel giudizio, ma, unicamente, previa specifica e tempestiva richiesta di rimessione in termini (art. 153 co. 2 c.p.c.).

-All'udienza di precisazione delle conclusioni -art. 189 c.p.c.- potrà essere meglio precisato solo il *petitum,* maggiorandolo nel caso, ma non si potranno proporre i

91

nuovi danni insorti e/o insorgenti, in quanto ciò richiederebbe nuove indagini istruttorie ormai precluse.

-Se i nuovi danni insorgono solo dopo la data dell'udienza di precisazione delle conclusioni sarà possibile inserirli nell'atto di appello.

-Qualora non si riuscisse, ma solo per ragionevoli motivazioni, a introdurre le richieste e i documenti dei nuovi danni insorti nella causa già iniziata sarà possibile iniziare un nuovo processo civile, secondo quanto articolato e dedotto al Capitolo 4.

*

Indice

*

Informazioni sull'Autore:

Stefano Ligorio è autodidatta, per passione, da oltre vent'anni in materie medico-scientifiche e medico-legali, nonché, da circa dieci anni, in materie legali, e vive in Ceglie Messapica, nella provincia di Brindisi.

Precedente sua opera: *'La Strana Malattia'*; e *'Il Cancro -Vademecum-'*.